企业战略管理与竞争力提升研究

杨波 著

延边大学出版社

图书在版编目（CIP）数据

企业战略管理与竞争力提升研究 / 杨波著. —— 延吉：
延边大学出版社, 2023.8
ISBN 978-7-230-05360-0

Ⅰ. ①企… Ⅱ. ①杨… Ⅲ. ①企业战略－战略管理－
研究②企业竞争－竞争力－研究 Ⅳ. ①F272.1
②F271.3

中国国家版本馆CIP数据核字(2023)第161816号

企业战略管理与竞争力提升研究

————————————————————————————————

著　　者：杨　波
责任编辑：朱云霞
封面设计：文合文化
出版发行：延边大学出版社
社　　址：吉林省延吉市公园路977号　　　邮　　编：133002
网　　址：http://www.ydcbs.com　　　E-mail：ydcbs@ydcbs.com
电　　话：0433-2732435　　　传　　真：0433-2732434
印　　刷：廊坊市广阳区九洲印刷厂
开　　本：787×1092　1/16
印　　张：11
字　　数：220 千字
版　　次：2023 年 8 月 第 1 版
印　　次：2023 年 8 月 第 1 次印刷
书　　号：ISBN 978-7-230-05360-0

————————————————————————————————

定价：78.00元

前　言

随着经济全球化的进程加快，企业战略管理实践日益多样化，反映其实践过程和结果的新理念和新理论也不断出现。与传统的职能管理相比，战略管理是一门体系完整的学科。以往的企业管理是将企业的活动分成多种职能，如生产、财务、市场营销等，对不同的职能实行不同的管理，因而出现"职能管理"一词。由企业的"职能管理"走向企业的"战略管理"是现代企业管理的一次飞跃，是对企业最重要以及最高层次的管理。战略管理不是强调企业某一事业或某一职能的重要性，而是通过战略分析、战略选择和战略实施及控制，来帮助企业完成使命，获得成功，为企业的美好明天贡献力量。因此，战略管理具有综合性、系统性、全局性和长远性的特点。

企业核心竞争力理论的兴起是战略管理理论不断发展的结果。20 世纪 60 年代以来，随着管理理论与实践的发展，战略管理理论经历了几代的发展。20 世纪 60 年代，第一代战略管理理论出现，以安索夫（H. I. Ansoff）和安德鲁斯（K. Andrews）的理论为代表。他们第一次明确提出公司战略和竞争战略，强调战略管理是企业在竞争中获胜的关键，把战略这一概念推向企业管理的实践。20 世纪 60 年代，第二代战略管理理论出现，在 20 世纪 70 年代受到普遍重视，至今还广受认同。该战略管理理论的代表人物为钱德勒（A. Chandler），其著名论点为"结构追随战略"，即把组织结构设计提到战略高度，强调组织结构应随"战略调整"而进行相应调整，并且认为"多事业部结构"是多元化公司的主要形式。20 世纪 80 年代，以波特（M. E. Poter）的理论为代表的第三代战略管理理论出现。波特提出了五种"竞争力量分析模型"，认为企业可以通过对经营环境的分析确定自己的战略，并且提出成本领先、差异化、集中化三种战略。20 世纪80 年代中期，第四代战略管理理论出现，代表人物是加拿大著名管理学家明茨伯格（H. Mintzburg），他提出"精雕"战略，指出战略必须随环境变化而不断调整。但在管理学领域，对企业内部结构因素及其对公司形成竞争优势的作用的分析却很少，基于此，本书进行探究。

本书关注企业战略管理与竞争力方面的问题，涉及丰富的企业战略管理与企业竞争力知识。主要内容包括企业竞争力概述、企业战略的基本理论、企业战略管理过程、企业战略环境分析、企业总体战略、企业经营战略、企业竞争战略等。在内容选取上既兼顾知识的系统性，又考虑理论的可接受性，同时强调企业战略管理的重要性。本书涉及面广，技术新，实用性强，能帮助读者在获得知识的同时掌握技能，兼具理论与实践应用价值，可供相关教育工作者参考。

由于时间仓促，笔者水平有限，书中难免存在不足之处，敬请广大学界同人与读者朋友批评指正。

杨波

2023 年 6 月

目　　录

第一章　企业竞争力概述

第一节　企业竞争力的基本知识

一、企业竞争力的定义及内涵

（一）企业竞争力的定义

波特（M. E. Poter）提出的"国家钻石"理论是迄今为止最有影响的竞争力理论，得到学术界的公认。"国家钻石"理论认为，一国的特定产业是否具有国际竞争优势，取决于四个内生（主要）因素，即要素条件，需求条件，相关与辅助产业，公司战略、结构与竞争行为。此外，机遇和政府这两个外生（次要）因素对一国特定产业的竞争优势也有影响。

波特认为，企业竞争力主要是指企业设计、生产、销售产品的能力，提供劳务的能力，商品和劳务的价格和非价格的质量与性能在市场环境中相对于竞争对手所具有的市场吸引力，以及谋求并保持最大收益的能力。也有人提出，企业竞争力是指企业综合运用各种资源，在市场上创造比竞争对手更多财富的能力。企业竞争力集中体现在其提供的商品和劳务在市场所占有的份额上。

著名的经济学家邓宁（J. H. Dunning）提出国际直接投资对产业竞争力具有重要作用的结论，对波特的"国家钻石"理论模型进行补充，并将跨国公司商务活动作为另一个外生变量引入波特的"国家钻石"理论模型，该模型被学术界通称为波特-邓宁理论模型。

美国哈佛大学的斯科特（B. R. Scott）和罗杰（C. Lodge）认为，企业竞争力是指企业在与其他企业的公开竞争中，运用人力资源和资金资源，以使企业保持持续发展的能力。

日本东京大学教授藤本隆宏认为，企业的竞争力可以从三个层面来考察，即静态的能力、改变的能力、进化的能力。静态的能力是指企业实际竞争力已达到的水平，改变的能力是指不断维持和提高竞争力的能力，进化的能力是指建立前两者能力的能力。

中国经济学家金碚认为，企业竞争力包含五个基本含义：第一，企业竞争力所涉及的环境，是竞争的和开放的市场，在垄断和封闭的市场中，谈不上企业竞争力；第二，企业竞争力的实质是一个企业同其他企业相比较的生产率（或工作效率）；第三，企业竞争力体现在消费者价值（市场占有和消费者满意）和企业自身利益（盈利和发展）两个方面；第四，企业竞争力决定了企业的长期存在状态，因此企业竞争力具有持续性和非偶然性的特点；第五，企业竞争力是企业所具有的综合能力，决定和影响企业竞争力的各种因素总是作为一个整体而对企业的存在状态发生作用。

综上所述，企业竞争力既是一个综合性概念，也是一个动态的概念，还是一个差别性概念。不同行业、同行业不同类型的企业，其竞争力也是不同的。企业竞争力由三个部分组成，即企业现实的市场竞争能力，企业潜在的、未来可能拥有的市场竞争能力，以及企业将潜在市场竞争能力转化为现实，并获得竞争优势的能力。

总体来说，企业竞争力是蕴涵于企业内部的、与竞争对手相比较而存在的、受外部环境影响的、融合了企业各种能力（领导力、创新力、文化力、营销力、生产力、品牌力等）的一种综合能力。

（二）企业竞争力的内涵

对企业竞争力的内涵应以系统的观点，从企业创新的角度出发进行研究；它应该以技术创新为支柱，以管理创新为保证，通过营销创新来实现，并依靠知识创新来维持与提升。换言之，企业竞争力就是企业在技术、管理、营销及知识等各方面的创新能力。具备了这些创新能力，企业就具备了相对于竞争对手来说的在设计、生产和销售产品与提供劳务等方面的优势，就有了在激烈的市场竞争中获胜的可能。

1.技术创新是企业竞争力的支柱

当前的国际竞争主要是经济竞争，而经济竞争的核心是技术竞争。一个企业在竞争中的地位和优势，主要取决于其技术转化为生产力的速度、规模、范围和效果。技术创新已成为一个国家、一个企业获得竞争优势的第一推动力。

2.管理创新和营销创新是培育和提升企业竞争力的关键

企业在任何一个方面实现创新，都需要有相应的创新制度和机制，即通过管理创新来保证企业创新的顺利进行。管理创新是企业培育和提升竞争力的关键之一。企业的各种创新必须通过向市场提供一定的产品或服务才能体现出来，即要通过一定的营销行为，使产品和服务进入市场。因而，营销创新就成为培育和提升企业竞争力的又一个关键。

3.知识创新是培育企业竞争力的土壤和源泉

一个国家只有在知识创新方面保持优势，才能为经济发展提供源源不断的动力，才能在经济发展中占据领先地位；同样，一个企业若想在市场经济的大潮中取得成功，就必须有较强的自主创新能力，而各种创新能力（技术、管理、营销等）的产生、维持和提升，是要有一定的基础和动力的，在知识经济蓬勃发展的今天，知识创新便担当起这一重任。

从某种程度上讲，学习能力才是最持久的竞争力，因此知识创新能力是可以通过学习型企业建设程度来反映的。换言之，学习型企业建设的程度能够很好地反映一个企业潜在的知识创新能力。只有建立真正的学习型企业，才能使员工在个人愿望的基础上建立对整个企业的共同愿望，并在完善的学习机制的保障下，将个人学习与团队学习结合起来，培养团队精神和系统思考的能力，使企业进入自我学习、自我组织、自我控制、自我发展的新境界。只有这样，才能保持企业的活力，才能使企业的技术创新能力、管理创新能力和营销创新能力得到长期、稳定的发展，从而使企业的竞争力持续、稳步地增强。因此，知识创新是培育企业竞争力的土壤和源泉。

二、企业竞争力理论的发展

在经济学中，竞争力的实质就是经济效益或者生产率的差异，对竞争力的研究主要集中在成本、价格和差异化方面。在经典的经济学分析中，通常假定相互竞争的企业所生产和销售的产品是完全相同的，这样，企业产品价格的高低就成为企业竞争力强弱的评价因素，而产品价格的差异主要表现在企业生产成本的不同上。古典经济学为了解释企业成本的差别，假设企业之间存在由分工和专业化所引起的差别。

《国富论》最早深入论证了分工对提高劳动生产率的作用，从分工和专业化的角度进行逻辑推演。例如，假设企业间存在规模差别，由于规模经济的作用，一些企业比另外一些企业单位产品的生产成本要低。经济学的进一步发展又承认，同类产品之间可以存在一定程度的差异，因而会产生由于产品差异所导致的超额利润，从而提高企业的竞争力。

波特于20世纪80年代先后出版的两部重要著作《竞争战略》和《竞争优势》，从产业层面系统阐述了行业和企业竞争力形成和发展的规律，为竞争力的研究提供了框架。这一框架将一般的微观经济学分析拓展到产业组织经济学的研究领域，从各个产业所具有的不同的市场结构差异来解释企业或者产业的竞争力。由于企业的分工不同、规模不同、条件不同，各个企业所生产的同类产品之间又存在一定的差异，所以各个产业的市场结构是不同的。波特的理论为竞争力研究提供了一套极富操作价值的系统性产业竞争力优势理论，他把人们原先对竞争的狭隘认识拓展到更广阔的层面。

传统理论对竞争力的解释实际上是以一般微观经济学和产业组织经济学的分析方法和分析工具为主的，即假定所有的产品都是在一个无差异的市场空间中生产和销售的，即使存在市场差异，也只是由产业竞争所导致的结构性差异，而不是市场空间自身所具有的外生性差异。如果放宽这一假定条件，就可以看到产品的生产和销售是在存在很大差异的多元市场空间中进行的。国家之间的分界和差异、地区之间存在的区位和要素差异成为影响竞争力的重要因素。因而对竞争力的分析就进入国际经济学和区域经济学领域。在这一领域，李嘉图（D. Ricardo）的比较优势理论和马歇尔（A. Marshall）的集聚优势理论等就成为竞争力研究的重要解释变量或条件。这些理论框架虽然并未明确竞争力命题，但却清晰地揭示了国际分工体系下国家间绝对和相对竞争优势的形成机理，部分解释了企业竞争力存在差异的原因，从而被奉为市场性竞争力优势理论的基础。

无论是一般微观经济学、产业组织经济学、国际经济学，还是区域经济学，它们对竞争力的解释都存在一个基本的假定前提：所有的企业都被视为输入-输出原理完全相同的"黑箱"，个人和企业都是理性的，所有的企业"黑箱"都按经济人的理性行为进行决策。然而，现实情况却是：即使各方面条件都相同的企业仍然存在竞争力的差异，有的企业在竞争中取得成功，有的企业却失败了。因而，如果坚持企业行为的相同性，把企业视为严格的具有经济人理性主义行为目标的"黑箱"，则针对竞争力的分析就难以继续深入了。

鉴于古典经济学的企业"黑箱"理论对竞争力的解释主要是从企业外部因素分析入

手，很难解释具有相同外部条件的企业为什么会存在竞争力的差异，于是人们对企业竞争力的研究开始转入企业内部，把企业视为具有不同的内部结构和行为特征的实体，来剖析企业的内部结构。这样，企业由原来的"黑箱"假定转变为具有复杂内部结构而且决策和行为差异显著的有机体。正是在这样的理论假设条件下，企业的异质性得到肯定，人们对竞争力的研究深入到对竞争力的一些原生性因素的研究，企业竞争力的根源找到了原始性的起因。

这样一来，对竞争力的研究就进入了管理经济学领域。企业组织、企业战略、营销与管理、企业文化、企业家精神等成为影响企业竞争力的关键要素，因而就有了人们对企业核心竞争力的探讨。人们对企业核心竞争力的研究已经远离了经典经济学的分析范式和方法，而偏向于社会、心理、伦理等研究方法和领域。人的信仰、道德、知识、理念、学习、创新、制度和文化等非理性因素，被视为影响甚至决定竞争力的重要因素。

三、企业竞争力研究的不同学派

竞争力是一个非常复杂的现象，对竞争力进行研究可以不同的假设条件为前提，从不同层面进行分析。经济学的各个分支学科都可以对竞争力研究作出贡献，但由于各分支学科的假设前提和分析工具不同，所关注的影响竞争力的主要因素也有一定的差别，因而形成了企业竞争力研究的不同学派。

（一）市场结构学派

市场结构学派的创始人及代表人物是波特，他的理论和思想主要体现在其经典的"竞争三部曲"——《竞争战略》《竞争优势》和《国家竞争优势》中。波特关于企业竞争力来源的观点，实质上是经典的"结构—行为—绩效"产业组织范式。他认为，决定企业盈利能力首要的和根本的因素是产业的吸引力，在产业结构稳定的前提下，企业的竞争优势取决于企业在产业中的相对地位。企业要获取有利的竞争态势，就要实施基于价值链的战略。

以波特为代表的市场结构学派侧重于企业外部市场竞争结构分析，认为市场结构对企业竞争优势的建立起着重要的作用，行业吸引力是企业盈利的主要决定因素；进入市场障碍的大小决定企业是否拥有持久竞争优势；在既定的市场结构和企业自身的优势或劣势条件下，只选择有利于进入市场的产品战略，而不关注企业的内部资源与能力，如人力资源、技术创新与管理水平等。

市场结构学派几乎将企业竞争优势全部归因于企业的市场力量，而且假设该力量与企业进行市场定位、构筑及退出市场壁垒的能力相一致。因此，市场结构学派在企业短期竞争优势的分析中更具有应用价值，但在解释企业持续竞争力及其长期性与动态性方面存在明显的不足。

（二）资源学派

以沃纳菲尔特（B. Wenerfelt）和潘罗斯（E. Penrose）为主要代表的资源学派是在企业内在成长论，即持续竞争优势论的基础上发展起来的。企业内在成长论侧重于单个企业内部知识的积累过程。潘罗斯对企业成长的研究集中于单个企业的成长过程，他认为管理人员对企业内部的协调与决策会经历由生疏到熟练的过程，进而能够将其程式化，因而可以将企业竞争力理解为以特定的途径、知识和经验来解决问题的优势。沃纳菲尔特提出"企业资源基础论"，他认为企业是一个资源集合体，每种资源都有多种不同的用途。沃纳菲尔特把资源分成三类：一是有形资源，如厂房和资本金；二是无形资源，如商标和专利；三是有关产品和工艺的知识资源。他认为企业竞争力就是指企业之间存在着的资源位势差异，仿制者由于在认知、时间、经济上的劣势会形成资源位势障碍，从而使资源位势差异存在下去。

资源学派认为，资源差异能够产生收益差异，企业间的资源差异导致了企业竞争优势差异；企业具有的价值性、稀缺性、不可复制性，以及企业能以低于价值的价格获取的资源是企业获得持续竞争优势以及成功的源泉。企业竞争力就是企业独有的特殊资源。虽然同属于资源学派，但由于对资源所包含的具体内容的理解不同，资源学派内部又分成不同的资源观，从而使得众多学者对企业竞争力及核心竞争力的解释也不尽相同。目前，资源学派是主导企业竞争力理论基调的主流学派。

（三）能力学派

能力学派以企业生产经营行为和过程中的特有能力为出发点，制定和实施企业竞争战略。能力学派的理论创新，首先在于对20世纪90年代以来的企业竞争本质的重新认识，其次在于对如何识别和培育企业核心能力的理解，最后在于对如何制定和实施企业竞争战略的政策主张。目前，有关企业能力理论的学说较多，通常可以概括为三类，分别是：组织能力学说，其代表人物是钱德勒（A. D. Chandler）；核心能力学说，以普拉哈拉德（C. K. Prahalad）和哈默（G. Hamel）为代表；流程能力学说，其代表人物是斯托克（G. Stalk）和舒尔曼（L. E. Schulman）。其中，核心能力学说是企业竞争力理论的核心内容。

能力理论，特别是核心能力理论，较之波特的竞争优势理论对企业竞争力来源的揭示要更进一步，它从产业层面深入到企业本身，打破了视企业为"黑箱"的局面，将研究触角深入到企业内部，有力地解释了企业竞争力的差异。核心能力理论从分析企业经营管理的内部活动入手，探寻了企业生存和发展最为本质的东西，其中关于核心能力是企业竞争力根本来源的思想主张，对于推动企业理论与竞争力理论的深入研究，以及对企业培养与保有持久竞争优势，具有重要的理论价值和实践意义。

第二节　企业核心竞争力

1990 年，美国著名战略学家普拉哈拉德和哈默在《哈佛商业评论》上发表了《公司的核心竞争力》一文。从此，管理学界围绕企业核心竞争力掀起了一个研究高潮，企业核心竞争力的培育也引起企业家的高度重视。

一、企业核心竞争力的相关研究

核心竞争力的研究成为管理理论界的前沿课题，越来越多的学者和专家开始了更深层次的研究，出现了众多的流派和观点。

（一）国外的相关研究

1990 年，普拉哈拉德和哈默首次从技术和创新的角度提出核心竞争力的概念，他们是基于技术和技术创新的核心竞争力观点的代表。他们认为，能给企业和用户带来特别利益的一些独创技能和技术就是企业的核心竞争力，它是企业自我经验和知识的累积，是协调不同的生产技能和有机结合多种技术流派的能力。

企业核心能力的积累过程伴随在企业的核心产品或核心技术的发展过程中，因而企业的持续发展是与核心能力紧密联系的，企业必须不断提高其核心能力。1993 年，普拉哈拉德从技术、管理过程和群体学习的角度进行分析，他认为核心竞争力是有关顾客的知识和直觉创造性的和谐整体。1994 年，普拉哈拉德等人又从技能和知识的角度进行分析，他们认为核心竞争力是企业以往的投资和学习行为所累积的技能与知识的结合，它是具有企业特长性的专长，是使一项或者多项关键业务达到世界一流水平的能力。

从技术和技术创新过程分析企业核心竞争力的还有梅约（M. H. Meyer）和厄特巴克（J. M. Utterback）。他们认为，企业核心能力是指企业的研究开发能力、生产制造能力和市场营销能力，核心能力在更大程度上就是在产品创新的基础上，把产品推向市场的能力。梅约和厄特巴克把企业核心能力分解为四个维度：产品技术能力、对用户需求的理解能力、分销渠道能力、制造能力。

1992 年，波士顿顾问咨询公司的斯托克和舒尔曼等人提出的基于流程的能力理论认为，成功的企业极为注意行为方式，即生产能力的组织活动和业务流程，并把改善这些活动和流程作为首要的战略目标。企业成功的关键不仅仅在于核心竞争能力，每个企业都必须管理一些基本的业务流程，如新产品的实现，从原材料到最终产品，从营销、订货到实现产品价值。每个流程都在创造价值，每个流程也都要求部门间的协同配合。因此，尽管各个部门可能拥有自己的核心竞争能力，但是关键在于如何管理这些流程，使之成为竞争能力。管理者应把自己的管理重点放在支持这些能力的基本设施及员工的培训上。

1992 年，巴顿（D. Leonard-Barton）提出了核心竞争能力存在核心刚性问题。核心刚性的存在，使得核心竞争能力无法适应环境的变化。在快速变化的环境中，企业原有的核心竞争能力有可能成为阻碍企业发展的包袱。1994 年，巴顿又从知识观角度分析核心竞争能力，他认为，核心竞争能力是使企业独具特色并为企业带来竞争优势的知识系统，它包括四个维度：技巧和知识基础、技术系统、管理系统、价值观系统，这四者之间存在较强的相互作用。巴顿还认为，核心竞争能力构成了企业的竞争优势，它随时间积累而不易被其他企业模仿。因此，企业为实现持续自主创新，必须以核心竞争能力的持续积累为条件。

2001 年，麦肯锡咨询公司的科因（K. P. Coyne）、霍尔（S. Hall）和克里福德（P. G. Clifford）在《公司的核心竞争力是否只是一个幻影？》一文中，从技能、知识和组合角度分析核心竞争力，认为核心竞争力是群体或团队中根深蒂固的、互相弥补的一系列技能和知识的组合，借助该能力，能够按世界一流水平实施到多项核心流程中。这一提法强化了核心能力以知识的形式存在于企业各个方面的能力中的观点。

1996 年，库姆斯（R. Coombs）从组织和系统观的视角阐述核心能力理论，他是基于组织和系统观的核心竞争力观点的代表。他认为企业能力的一个特定组合，是使企业、市场与技术相互作用的特定经验的积累，是提供企业在特定经营中的竞争能力和竞争优势的多方面技能、互补性资产和运行机制的有机结合。体现在这种组织中的核心内涵是企业所专有的知识体系，正是企业的专有知识使核心能力表现得独一无二和难以模仿。库姆斯认为，企业核心能力包括企业的技术能力以及将技术能力予以有效结合的组织能力。因此，企业核心能力既具有技术特性，又具有组织特性，它包括企业的技术专长和有效配置这些专长的能力。

1997 年，奥利佛（C. Oliver）从资源观的角度提出核心能力理论，他是基于资源观的核心竞争力观点的代表。资源观强调资源和能力对企业获取高额利润和保持市场竞争优势的作用。基于这一观点，企业获取和配置资源和能力的异质性决定了其获得高额经济回报率的可能。这些长期的、能获取高于正常利润回报的特性是由企业在"有缺陷"和"不完全"的要素市场中获取并开发战略性资产的能力所决定的。因为企业在选择和积累资源上的决策，是以在有限的信息、认识偏见等条件下，最经济性地合理配置这些资源为特征的，所以不同企业在获取这些战略性资源时，在决策和过程上的异质性就构成了企业的核心能力。基于这种观点，资源成为保证企业获取超额利润的最基本条件。从资源的类型看，构成核心能力的资源具有稀缺性、独一无二性、持续性、专用性、不可模仿性、非交易性、无形性、非替代性等特征，企业只有拥有了这种资源，才能在同行业中拥有独特的地位。基于资源观点，可以认为核心能力是企业获取并拥有这些特殊资源的独特的能力。

1997 年，梅约等人从平台观的角度分析企业核心能力理论。该观点把企业核心能力表示为用户洞察力、产品技术能力、制造工艺能力及组织能力。基于平台观的企业核心能力理论强调市场的重要性。该观点的企业核心能力的四个模块中，有两个与市场有关。

1997 年，桑切斯（R. Sanchez）和黑恩（A. Heene）等人以核心能力为基础，提出综合动力性的、系统性的、认知性的和整体性的基础能力理论，把基础能力作为研究竞争战略的基本理论框架。能力理论认为，作为战略变化动力的管理者的认知和组织学习的能力，决定了个体企业的资源禀赋与工业结构的资源积累禀赋；一个企业在关键资源市场与产品市场的竞争与合作会同时存在并相互作用。强化企业的能力有两种途径：能力的构建（使现存资产与能力获得数量变化的过程）与能力的杠杆作用（运用现有能力满足现有或新的市场机会）。

1998 年，波特运用"价值链分析法"来分析企业核心竞争力的形成。他把企业内外价值增加的活动分为基本活动和辅助活动，基本活动涉及企业生产、营销、来料储运、成品储运和售后服务。在企业参与的价值活动中，并不是每个环节都能创造价值的，实际上，只有某些特定的价值活动才真正创造价值。这些真正创造价值的经营活动，就是价值链上的战略环节。企业要保持的竞争优势，实际上就是企业在价值链某些特定的战略环节上的优势。运用价值链的分析方法来确定企业核心竞争力，就是要求企业密切关注组织的资源状态，要求企业特别关注在价值链的关键环节上获得核心能力，以形成和巩固企业在行业内的竞争优势。

在竞争力中加入动态的概念最早于 1994 年由提斯（D. Teece）和皮萨洛（G. Pisano）正式提出，他们将动态竞争能力定义为"能够创造新产品和新过程，以及对变化的市场环境作出响应的一系列能力"。1997 年，提斯等人在对高科技产业，如半导体、软件等产业的研究中，发现在全球竞争中，获胜者通常是那些具有有效协调能力的企业，这些企业能够快速地对需求作出反应，能够快速地进行产品革新。

1999 年，兹奥罗（M. Zollo）与温特（S. G. Winter）从组织知识的演化角度详细地分析了企业的动态竞争力，并将其定义为"一种集体的学习方式，通过动态竞争力，企业能够系统地产生和修改其经营性惯例，从而提高企业的效率"。这个定义不仅避免了用能力来定义能力，而且相对于一般所指的能力，更注重辨析企业的惯例。在定义中，"学习方式"以及"系统"这两个词明确地指出了动态能力是被构造的，并且具有持续性，可以认为，"在应对一系列的危机中，组织采用创造性的、但并不连续的方法并不是动态能力的实践"。

库姆斯把企业核心竞争力定义为企业能力的一个特定组合，是使企业、市场与技术相互作用的特定经验的积累，突出技术专长和组织能力。与普拉哈拉德、提斯和哈默的观点相似，该观点也把管理的职能之一——组织，作为核心竞争力的组成部分。

（二）国内的相关研究

在国内，也有众多学者从不同角度对企业竞争力或核心竞争力进行研究。

1999 年，吴敬琏从技能、资产和机制的角度进行分析，认为核心竞争力是企业获得长期稳定的竞争优势的基础，是将技能、资产和运作机制有机融合的企业组织能力，是企业推行内部管理性战略和外部交易性战略的结果。

1999 年，周星和张文涛从产品、技术和营销的角度进行分析，认为核心竞争力是企业开发独特产品、发展独特技术和发明独特营销手段的能力。

2000 年，王毅等人从元件能力和构架能力的角度进行分析，认为企业核心竞争力是由能力及能力构架与层次组成的一个"两维"知识系统。

2000 年，左建军从体制和制度出发进行研究，得出企业体制与制度是企业最基础的核心竞争力的结论。左建军认为，企业体制与制度是企业最基础的核心竞争力，企业体制和制度是生产关系，现代企业体制与制度能保证企业具有永久的活力，保证企业决策的科学性、发展方向的正确性，是企业最基础的核心竞争力，也是企业发展其他竞争力的原动力和支持平台，其他竞争力只是在此平台上的延伸，与核心竞争力共同组成了核心竞争力系统。

2003 年，林志扬从技术和产品平台的角度进行分析，认为核心竞争力是企业所拥有的可以应用于多种产品的关键技术和能力，以及把这种技术和能力应用于多种产品的能力，并且他从企业所拥有的关键技术所具有的竞争优势和带来的价值增值两个方面着手，针对如何识别企业的核心竞争力建立了一个模型。利用该模型分析企业的价值链，可以发现在价值链中哪些活动可以比竞争对手以更低的成本进行，哪些活动能给企业带来更多的价值增值，从而有针对性地培养企业的核心竞争力。

还有些学者从另外的角度研究核心竞争力问题。2003 年，许正良和王利政从动态的角度进行阐述，他们认为企业的核心竞争力虽然内生于企业自身，但它是在企业长期的发展过程中逐渐形成的，其动态演变具有客观必然性。于江和张不同认为，企业的核心竞争力在本质上具有战略柔性和动态性。2004 年，汪涛等人也认为，现代企业核心竞争力是以消费者和竞争者为导向所建立的或拥有的在某些方面超过别的企业且无法被轻易赶超的优势，这种优势是可以通过某种途径进行扩散转移的、持续的、动态的能力。

2004 年，虞群娥和蒙宇从合力的角度进行归纳，他们认为企业核心竞争力归根结底就是在企业内部借助一种高效率的机制，充分有效地调动各种资源并使其协调运行，通过提升产品的使用价值来实现企业在市场上超越对手、获得竞争优势的合力。合力的观点使核心竞争力的理论研究有了新思路。

从以上论述可以看出，国内外的学者从不同的角度对企业竞争力或核心能力进行研究，并且提出了各自的观点和看法，对企业竞争力的发展起到了很大的促进作用。这也说明了企业的竞争力或核心竞争力是一个内涵非常丰富的概念，可以从技术、资源、知识、文化、组织、管理等角度向外延展，或以此为基础向其他学派拓展。可以认为企业竞争力或核心竞争力的研究和发展，将从单一的子系统转向不同子系统的有机整合，且不同角度的研究思想是相互渗透和补充的。正是由于不同观点的相互交叉，才使得企业核心能力的研究更快地走向成熟和完善。

虽然国内外的学者从不同的侧面对企业竞争力或核心竞争力进行探究，为人们清晰地了解企业竞争力提供了新的视角，但也存在一些不足之处。例如，以往的研究把企业内部除技术过程之外的过程均视为"黑箱"，而未从系统的角度来研究企业内技术过程和其他过程之间的相互作用和相互影响，这在一定程度上削弱了人们对企业竞争力或核心竞争力在更深层次上的认识。

再者，包括普拉哈拉德和哈默在内的大多数学者都把注意力集中在技术进步和技术创新上，他们都假定企业在技术上的优势必然会带来企业的市场竞争优势，但实际情况并非如此。有研究表明，尽管一些企业在技术上具有优势，但它却在市场竞争中不能获得与此相称的经济绩效，甚至在一些极端情况下，企业被迫退出其具有较强技术优势的产业。此外，这些不同流派的理论也只是把核心能力的概念置于经济理论中进行研究，并未从实证的角度来论证企业的核心能力具体与哪些要素相关。国外诸多学者研究的对象多是世界五百强企业，而目前中国的企业以中小型企业为主，很多民营企业并没有核心能力，但这些企业却均有自身发展的企业能力。另外，还有些理论完全基于一种平静的、长期的稳定状态，无法适应当今市场环境的快速变化。

二、企业核心竞争力的内涵及构成要素

（一）企业核心竞争力的内涵

核心竞争力是在特定的市场环境下，企业利用其特有的资源（如专利、知识产权、技术、人才等），通过创新形成独具的、支撑企业持久竞争优势的能力。企业具有竞争力，但未必就具有核心竞争力。一个企业要具备国际竞争力，不仅要有竞争力，还必须具备核心竞争力。所以，核心竞争力比一般竞争力层次要高。企业核心竞争力包含以下内容。

1. 企业创新的能力

包括市场创新能力、技术创新能力、管理创新能力等。如果企业创新能力强，哪怕企业现在还不具有很强的竞争力，也迟早会具有很强的竞争力。企业竞争力中最重要的是创新的能力，其考量指标有新技术的投入，开发研究经费在企业总收入中所占的比重，专利项目数，科研成果转化率等。

2. 开拓市场的竞争力

开拓市场的竞争力表现为提高市场占有率，增强新业务的开拓能力，加速知名品牌形成的能力，提高对市场变化的反应能力等。

3. 规模竞争力

一般情况下，在同样的技术条件和市场环境下，企业规模越大，产品成本就越低，从而销售价格就越低，在价格上就具有竞争优势。企业规模的考量指标包括资产规模、营业收入、用户数量等。

4. 管理和资源整合的竞争力

企业能否整合其掌握的资源（人力、物力、财力等资源），使各种要素充分发挥作用，具体表现在管理能力的高低上。管理能力的考量指标涉及财务管理效益、资本运作能力、劳动生产率的高低以及对信息的收集和处理能力等。

5. 环境竞争力

环境竞争力表现为企业是否具有很好的市场竞争环境，其产品是否具有行业环境竞争力等。这种优势因地域不同而发生变化。另外，政策环境如何，政府是否支持、鼓励企业发展等也是环境竞争力的重要影响因素。

综上所述，从普拉哈拉德和哈默给出的一个描述性概念开始，核心竞争力概念的内涵不断丰富，涉及管理、产品、技术和能力等多方面，也就形成了企业核心竞争力的以管理观、知识观、技术观、文化观等作为思想基础的不同流派。不同视角的研究并不意味着核心竞争力的研究是混乱的，恰恰相反，这种多样化的研究广泛而深刻地丰富了核心竞争力的内涵，也拓宽了核心竞争力的理论框架。这些不同视角的研究相辅相成，它们之间不存在相互替代的关系。未来，核心竞争力理论的主要发展就是将这些不同观念下的理论进行全面综合。

企业核心竞争力可能是企业在发展过程中自然形成的，也可能是企业通过规划创建形成的。但是无论哪种方式，随着市场竞争愈演愈烈，客观上都要求企业具备构建自身特定的核心竞争力的形成机制和运行机制。

（二）企业核心竞争力的构成要素

企业核心竞争力由三个部分构成，形成三个层次：第一个层次是技术，第二个层次是组织，最后一个层次是文化。这三者有机组合，形成企业的核心竞争力，缺一不可。

1.技术

按照国际工业产权组织的定义，技术是指制造一种产品或提供一项服务的系统知识，这种知识可能是一项产品或工艺（一项发明、一种动植物新品种），也可能是一种设计、安排、维修和管理的专门技能。所以，从功能上看，技术可以分为三类：用于改变一项产品的技术；用于产品制造过程的生产技术；用于研发、产销、服务等组织过程的管理技术。成功企业的实践表明，企业经营战略的关键，在于培养和发展能使企业在未来市场中居于有利地位的核心技术能力。

2.组织

对企业而言，组织是企业的骨骼。组织性能良好与否，直接影响到企业运营灵活性的强弱，进而影响到企业经营成本和效益的高低。把组织作为企业核心竞争力的一个基本要素，就是着眼于企业组织的体制和机制对于企业竞争力的形成和保持的重要作用。一种有效的组织体制安排，能够充分发挥决策机制、信息机制、激励机制、约束机制的潜能。

3.文化

除了技术、组织之外，企业文化是影响企业核心竞争力的第三个要素。在企业发展的初级阶段,企业文化只是简单表现在企业所处地区的传统文化的影响和创业者的经营方针、经营风格等方面;当企业进入发展阶段之后,或许能见到一些文化现象的痕迹;当企业跨入成熟阶段,企业愿景、使命、宗旨、经营哲学等企业文化就成为企业当务之急,在这个阶段,企业文化在继技术、组织之后就逐步成为企业形成竞争优势的关键。

三、企业核心竞争力的基本特征

概括来说,企业核心竞争力的基本特征包括价值特征、功能特征、属性特征和时效特征四个方面。

(一)价值特征

价值特征即价值性,核心竞争力能够产生为顾客所看重的特殊的、根本性的利益,从而创造出较大的独特用户价值。核心竞争力是富有战略价值的,它能为企业降低成本,最终使企业获得超过同行业平均利润水平的利润。

(二)功能特征

功能特征即延展性,核心竞争力不仅仅表现在现有产品上,还能提供一个强大的平台,支持企业不断开发出新的产品并进入新的领域,从而使企业获得持续的发展潜力。

(三)属性特征

属性特征包括核心竞争力的独特性、综合性和动态性。独特性是指核心竞争力能够使企业创造出独特的市场价值,这在组织外部是难以被复制和模仿的,在组织内部是难以被替代的。综合性是指核心竞争力以整个企业为载体,具有相互关联性,任何单项技能、专长、资源或能力要素都不会成为企业的核心竞争力。核心竞争力有别于品牌、专利等无形资产,也不局限于个别产品。动态性是指企业的核心竞争力虽然内生于企业自身,但它是在企业长期的竞争发展过程中逐渐形成的,与一定时期产业的动态、企业的资源以及企业的其他能力等变量高度相关。除此之外,核心竞争力内部元素的动态发展,导致核心竞争力的动态演变,这也是一个必然现象。

（四）时效特征

企业核心竞争力从时间上看是有生命周期的，随着技术的发展，今天的核心竞争力到明天可能会演变为一般竞争力。同时，核心竞争力如果不注意管理和维护，也会逐步退化甚至消失。

四、企业核心竞争力与一般竞争力的关系

企业核心竞争力是企业一般竞争力中某企业专有的、持久的部分，也是企业一般竞争力中的关键部分。二者既有区别，又有联系。

一般竞争力是企业在市场经济中生存与发展的基础，是多数企业所共有的特性，但不同的企业由于产权制度、组织结构和管理机制不同，加之企业领导人的素质和能力也有差异，因而其竞争能力也会有很大差异。核心竞争力是从一般竞争力中经过长期的培育和积累而形成的，表现为知识和技术的组合，体现了学习与创新的特征，所以它在竞争力中处于核心地位，使企业能够在竞争领域领先于同类企业。因此，可以认为不是每一个企业都具有核心竞争力，从实际情况来看，只有那些在市场竞争中独领风骚，长期居于领先地位，且具有关键的、别人难以模仿和替代的核心技术和知识的企业，才能被认为具有核心竞争力。

例如，美国英特尔公司的奔腾系列处理器，微软公司的 Windows、Internet Explorer 等系列产品，多年来一直在个人计算机市场上占有统治地位。再如，中国海尔的电冰箱、空调、洗衣机、冰柜等系列产品，也形成了一系列核心技术和独特的"海尔文化"。一般竞争力和核心竞争力的关系是相对的，企业管理者只要善于从一般竞争力中识别自身的优势要素，再加以规划和培养，就能形成自己的核心竞争力。同样，一个拥有核心竞争力的企业，如果不加强知识体系的再学习和再创新，就会失去原有的核心竞争力。

第三节 企业竞争力和国家竞争力

一、国家竞争力的概念

从经济角度来看，一个国家的竞争力是指在自由和公平的市场条件下，能够在多大程度上既生产出满足国际市场标准的商品和劳务，又提高其本国居民的实际收入的能力。在国家水平上，竞争是以卓越的生产力为基础的。

国家的竞争力是它在国际市场上战胜对方的能力，更是其谋求持续发展的实力。竞争力概念所包含和传达的内容要比某个单一的经济指标丰富得多，也远远超过传统国际贸易理论对比较优势的界定。简单来说，可以把国家竞争力概括为以下几个方面。

首先，国家的竞争力是创造出来的，而不是本身就有或继承的。传统理论中总是根据生产要素，如劳动、土地、自然资源和实物资本的丰富程度来确定某个国家在某些特定产业中是否能够取得持续发展。每个国家总是在它可以充分利用其丰富资源的那些产业中形成相对优势。这种由相对成本比较到资源禀赋考察而衍生出来的观点，把竞争力当作廉价而丰富的劳动和自然资源的函数，曾经解释了国际贸易与竞争中的许多现象，但是现在却面临着重大挑战。

一方面，这种竞争力观无法解释德国、瑞士、瑞典等国家在劳动力缺乏和高工资情况下取得的经济成功，也无法解释德国、日本、意大利、韩国等国家在自然资源相当缺乏的情况下获得的发展。另一方面，随着经济全球化进程的加快，包括生产要素在内的跨国流动性增强，竞争不仅在产品市场，而且在要素市场上展开，科学技术进步迅速改变着各国的产业结构、市场结构和竞争方式。电子通信、计算机、软件、生物工程等新产业对各国经济增长的贡献度和对国际经济的冲击力不断增强，高附加价值类产品的国际竞争日益激烈，而这些产业的发展与传统的生产要素几乎没有直接关联。这些都说明竞争力是能够培育和创造的，而且这一特征正在日益强化。

其次，有人认为，国家竞争力即一国在国际市场上占有较大份额，或者拥有大幅度的净出口和外汇盈余，只要能够达到这个目标，国内经济可居其次。这其实是对国家竞争力的一种误解。固然，竞争力与一国的出口强度是有关系的，但是也要看到，出口绩效并不一定会给本国的生产力带来促进作用。所以，国家竞争力的概念不应只着眼于国际贸易和对外投资，而要着眼于这种对外经济活动对本国生产力产生怎样的影响。

最后，一个国家是否具有竞争力是一个很复杂的问题，很难找到某种分界线或"底线"来进行明确区分。人们可能会认为，如果一国陷入大量外贸赤字和外债中，则它不具有竞争力。但是，不论从理论上还是从实践上看，这都不是准确的指标。正是因为如此，波特指出，简单地提问"一个国家的竞争力如何"，是一个"错误的问题"。也正是因为如此，国际竞争力年度报告中对各国除了根据国内生产总值、人均国内生产总值等排出综合竞争力的大小之外，还要就各国国内经济实力、国际化程度、政府管理水平、金融服务水平、企业管理水平、基础设施建设状况、研究与开发水平、科学与技术实力、人口素质和教育水平等分类指标进行排序，综合比较各项指标，才能科学地估计一国的竞争力。

二、企业竞争力和国家竞争力的相关性

企业竞争力和国家竞争力既有联系又有区别。国家竞争力是以企业的竞争力为核心的，国家的竞争优势取决于企业在全球范围内的竞争力。企业竞争力的发挥有赖于不断创新的制度环境、良性的文化价值环境，以及如何利用全球一体化这样的大背景。但企业或产业之间的竞争与国家之间的竞争有很大差异。在相互竞争的企业之间（如可口可乐公司与百事可乐公司），一家企业的成功一般要以另外几家企业在一定程度上的付出为代价的，因为前者要从后者那里夺走消费者市场，其结果是一个零和博弈。但是国际贸易不是零和博弈，国家之间即使是激烈的竞争对手，它们仍然可以同时是对方的主要出口市场和进口品的供给者。

例如，在汇率等既定的条件下，假如日本的生产率水平提高，则日本的实际工资水平上升，出口商品实际价格下降。这对于美国或欧洲国家而言，至少不会导致后者的生产率或实际工资降低。同时，企业所面对的市场绝大部分是外在的，很难设想企业的产品主要卖给自己的职工。然而，对于大多数国家来说，最大的市场仍然是其本国市场。例如，美国进出口贸易总额一直居世界首位，但其出口总值也只占国内生产总值（GDP）的10%，也就是说，90%的商品和劳务是面向本国的。这也表明，不可把国家与企业、产业简单类比来谈论竞争力。

第二章　企业战略的基本理论

第一节　企业战略的概念及特点

一、企业战略的概念

（一）战略

"战略"一词早已存在，它源于战争和军事活动，是战争实践、军事活动的理论概括，是指导战争的谋略，也指克敌制胜的良策。在西方，战略一词源于希腊语"strategos"或由其演变出的"stragia"，前者的意思是"将军"，后者的意思是"战役""谋略"，都是指指挥军队的科学和艺术。

在中国，早在春秋时期，齐人孙武就在总结过去战争经验的基础上写成了《孙子兵法》，虽未用"战略"命名，但其内容蕴含着丰富的战略思想，并流传至今，被世界各国运用，颇有影响。三国时期，诸葛亮向刘备提出的"隆中对策"（《三国志·蜀志·诸葛亮传》），在我国古代的战略思想中具有典范价值。我国以"战略"命名的专著，从西晋司马彪的《战略》（又称《司马彪战略》）之后不断出现，比较著名的有明代军事家茅元仪编著的《二十一史战略考》等。

随着人类社会的不断发展，人们逐步把战略应用于广泛的领域：政治活动，如政党和政府的某一时期为实现总体目标所进行的力量部署、对策措施等战略规划；经济活动，如指导国民经济或某些重要产业发展的战略等。

战略被引入经济领域的历史并不算长，最早把战略引入企业经营管理领域的是美国管理学家巴纳德（C. I. Barnard）。他在其代表作《经理的职能》一书中提出，企业是一个由物质、生物、个人和社会几个方面因素构成的综合系统。为了说明企业组织的决策机制，他开始运用战略因素这一思想对企业诸因素及它们相互之间的影响进行分析。

国外在企业经营管理领域广泛使用战略概念是在 1965 年，以美国学者安索夫的著作《企业战略》的问世为代表。在此之前，人们总认为企业战略是偶然决定的，或者认为它是最高决策者的信念、直觉的产物。在以往的管理理论中，和战略相关的内容仅仅是以"企业家活动""企业政策""长期计划"等名称出现的。安索夫针对 20 世纪 50 年代末期出现的企业规模扩大和转向多种经营的形势，分析了产品-市场战略的意义。他把"经营决策结构"和"战略决策模式"摆在首位，以确定企业目标作为决策的出发点，建立了自己的企业战略规划理论，继而又在 1979 年推出了《战略经营》，研究从战略计划推向战略经营，从现代组织理论的立场出发，分析环境、战略、组织三者之间的对应关系，进一步发展了企业战略模式的理论。

20 世纪 80 年代，战略理论得到了较大发展，以产业结构分析为基础的竞争战略理论占据了主导地位。最近十年，企业注重对自身独特的资源和知识的积累，以形成特有的竞争力，以资源、知识为基础的核心竞争力理论也逐渐形成。

关于战略的定义至今仍没有统一的认识，许多学者从多种角度进行探讨，赋予企业战略不同的含义。20 世纪 80 年代以后，明茨伯格以其独特的认识归纳总结了战略的五个定义：计划、计谋、模式、定位和观念。

1.战略是一种计划

大多数人认为战略是一种计划，它代表了用各种各样精心构建的行动或一套准则来处理各种情况。战略的这个定义具有两个特点：第一，战略是在企业经营活动之前制定的，战略先于行动；第二，战略是有意识、有目的地开发和制定的计划。在企业管理领域，战略计划与其他计划不同，它是关于企业长远发展方向和范围的计划，其适用时限长，通常在一年以上。战略确定了企业的发展方向（如巩固目前的地位、开发新产品、拓展新市场或者实施多元化经营等）和范围（如行业、产品或地域等）。战略涉及企业的全局，是一种统一的、综合的、一体化的计划，其目的是实现企业的基本目标。著名的松下电器公司的创始人曾经制定了一个 250 年的战略规划，以每代人完成 10 年任务的方式推行下去。

2.战略是一种计谋

战略也是一种计谋，是要在竞争中取胜（令竞争对手处于不利地位）的智谋。这种计谋是有准备和意图的。例如，当企业知道竞争对手正在制定一项计划来提高市场份额时，企业就应准备增加投资去研发更新、更尖端的产品，从而增强自身的竞争力。因此，战略是一种计谋，使企业能对竞争对手构成威胁。

3.战略是一种模式

有的学者认为，将战略定义为计划是不充分的，它还应包括由计划导致的行为，即战略是一种模式，是一系列行动的模式或行为的模式，或者是与企业的行为相一致的模式。"一系列行动"是指企业为实现基本目的而进行的竞争、分配资源、建立优势等决策与执行活动，它是独立于计划的。计划是有意图的战略，而模式则是已经实现的战略。从这个角度来看，战略可以分为经过深思熟虑的战略和应急战略。在经过深思熟虑的战略中，先前的意图得以实现；在应急战略中，模式的发展与意图无关。沃尔玛当年以小城镇为选址对象的战略并非决策者英明预见的结果，而是由一系列行动和因素促成的，兼有理性、企图、偶然和运气的成分，主要原因之一是创始人的妻子不愿意到大城市生活。

4.战略是一种定位

将战略作为一种定位，涉及企业如何适应所处环境的问题。定位包括相对于其他企业的市场定位，如生产或销售什么类型的产品或服务给特定的部门，或以什么样的方式满足客户和市场的需求，如何分配内部资源以保持企业的竞争优势。战略的定位观认为，一个事物是否属于战略，取决于它所处的时间和情况，今天的战术问题在明天就可能成为战略问题。在细节可以决定成败的时候，细节就成为战略问题。战略是确定自己在市场中的位置，并据此正确配置资源，以形成可以持续的竞争优势。因此，战略是协调企业内部资源与外部环境的力量。例如，新东方的初始定位是为留学人士提供高效的英文考试培训。

5.战略是一种观念

从这个角度来看，战略不仅包括既有的定位，还包括感知世界的一种根深蒂固的认识方式。战略观念通过个人的期望和行为而形成共识，最终成为企业员工共同的期望和行为。

（二）企业战略

企业战略是企业面对激烈的市场竞争，为求得生存和发展而作出的带有长远性、全局性的谋划或方案。它是企业经营思想的体现，是一系列战略性决策的结果，又是制定中长期计划的依据。

这个定义包括了以下含义。

第一，企业战略是在市场经济条件下，企业在激烈竞争、严峻挑战的形势下所作出的对策集合。例如，西方国家一直实行市场经济，但只是在第二次世界大战后市场竞争日益激烈的情况下，企业才真正有了制定和实施战略的需要。

第二，企业战略是企业为了长期生存和发展所作出的谋划。显然，企业战略关系着企业的成败兴衰，决定着企业能否不断成长。

第三，企业战略是一系列战略性决策的成果。为了正确制定企业战略，企业必须从实际出发，正确总结历史经验，深入分析企业内外情况，科学预测未来发展，绝不能靠主观设想或单凭过去经验来制定企业战略。

第四，企业战略同经营思想、决策、计划等概念有密切关系，但不可以把它们混同。

总的来说，一个完整的企业战略至少应包含以下三方面的内容。

首先，企业战略是一种规划，即应规划企业发展的未来之路。企业战略为企业的经营方向描绘了一幅蓝图，因而必须具有前瞻性，必须能用于指导企业的业务经营，而不应是业务经营的附属品。

其次，企业战略具有很强的策略性，它的目的是赢得持续竞争优势。而且，企业战略还应成为一种将企业各事业部、各职能部门、不同管理人员、不同员工的决策和行动统一为一种覆盖全企业，协调一致的决策和行动的策略方法。在战略框架下，企业内各部门将形成一个以统一目标和策略为中心的整体。

最后，对于成功的企业而言，仅仅拥有完美的策略规划是远远不够的，还要根据战略合理配置企业资源，并确保在战略的指引下自始至终采取协调一致的行动。

二、企业战略的特点

（一）全局性

企业战略以企业全局为研究对象，按照企业总体发展的需要，规定企业的总体目标，确定企业的总体行动方向，追求企业的总体效果。虽然它必然包括企业的局部活动，如下属经营单位的活动、职能部门的活动等，但是这些局部活动都是作为总体行动的有机组成部分在战略中出现的。也就是说，企业战略不是专为企业某一局部或单项活动谋划的方案，而是把注意力放在企业的总体发展上。

（二）长远性

企业战略既是企业长远发展目标的反映，又是企业在未来较长时期如何生存和发展的通盘筹划。也就是说，企业战略着眼于企业的未来，是为了谋求企业的长远发展和长远利益。因此，那种不顾企业长远发展的一切短期行为，都是缺乏战略眼光的行为。虽然在制定战略时，要以企业当前的情况为出发点，在战略实施中必须做好当前的生产经营活动，但是这一切不仅是为了当前，更是为了长远发展，当前是长远发展的起点。

（三）竞争性

企业战略是关于企业在竞争中如何与竞争对手抗衡的行动总方案，同时也是针对来自各方的各种冲击、压力、威胁和困难，迎接挑战的行动方案。它不同于那些单纯以改善企业现状、增加效益、提高管理水平等为目的，而不考虑如何竞争、如何迎接挑战的行动方案。随着市场竞争的激烈化，企业只有正视竞争，参与竞争，准确地谋划具有取胜可能的战略，才能实现自己的生存和发展。企业战略的产生和发展，就是因为企业面临激烈竞争和严峻挑战，否则企业就不需要战略了。

（四）纲领性

企业战略所规定的关于企业的长远目标、发展方向、前进道路、发展重点，以及应采取的基本行动方针、重大措施和基本步骤，都充分体现原则性、概括性的特点，是企业的行动纲领。要将企业战略变成实际行动，还需要进一步将其展开、分解和具体化，形成企业计划。

（五）动态性

企业战略必须是稳定性与灵活性密切结合的行动方案。企业战略是企业长远发展的行动纲领，不能频繁变化，使企业职工无所适从，因此必须是稳定的。同时，企业战略又必须在其执行过程中，根据企业内外条件的重大变化，尤其是那些原来未预料到的重大变化，及时调整战略方案的内容，甚至在必要时废弃原来的战略方案，重新制定新的战略方案。战略的动态性就是指企业根据内外部条件的重大变化，及时对企业战略进行必要的调整或重新制定企业战略。

（六）风险性

企业战略是对未来发展的规划，然而环境是不确定和变化莫测的，任何企业战略都伴随风险，如财务风险、经营风险。企业管理者必须习惯于管理各种不确定性，正确地认识乃至创造、利用不确定性。企业战略规划的一般流程是从战略分析、战略选择、战略实施到战略控制，是一个螺旋式上升的过程，整个过程都存在各种各样的风险。

（七）相对稳定性

企业战略一经制定，在较长时期内要保持稳定（不排除局部调整），以利于企业各级单位和部门努力贯彻执行。战略的稳定性是由战略的全局性和长远性决定的。不论是何种战略，它的生命周期的终结都依赖于战略目标的最后实现，这是战略之所以具有稳定性的重要原因。当然，战略的稳定性也是一个相对概念。任何战略只是大致的谋划，其本身就是粗线条的、有弹性的。战略出现明显错误或战略赖以存在的条件发生了重大变化，就需要对战略进行调整和修正。但应尽量避免这种情况，要提高战略的科学性和适应性。否则，战略朝令夕改，势必失去其实际价值，并且会造成不必要的损失。

（八）复杂性

企业战略的制定是企业高层领导人价值观念的反映，它是一种复杂的脑力劳动，是集体决策的结果，是一种非程序性决策，要靠战略咨询专家及企业高层领导团队的政治敏感、远见卓识的有机组合，才能制定出好的企业战略，因此战略制定的过程是非常复杂的。新战略的贯彻实施会牵涉到企业产品结构、组织机构、人事安排的调整，关系到企业内部干部和职工的切身利益、权力、地位等问题。

实际上，企业战略的实施是企业内部高层领导者政治权力平衡的结果，因此企业的董事长或总经理如果没有坚定的决心，企业战略制定得再好，也未必能贯彻到底。事实也证明，有的企业战略贯彻1~2年就被迫停下来，因为阻力太大，贯彻不下去。只有企业的董事长或总经理具有贯彻战略的坚定决心，排除企业内外一切干扰因素，并制定切实可行的措施，企业战略才能得到贯彻，因此战略的贯彻实施也是非常复杂的。

第二节　企业战略的构成要素及类型

一、企业战略的构成要素

从企业为达到战略目标所采用的途径、手段来看，企业战略的构成要素有四种。

（一）经营范围

经营范围是指企业生产经营活动所包括的领域，可以是单一领域，也可以是多个领域。按照时间的不同，企业的经营范围可分为两种：一种是现时经营范围，即企业现时生产经营活动所包括的领域；另一种是未来经营范围，即根据企业内外发展变化在战略中所确定的生产经营活动包括的未来领域。对于大多数企业来说，应根据自己可以涉及的行业、自己的产品和市场来确定经营范围。

界定经营范围的方式有如下几种。

首先，从产品角度看，企业可以按照自己产品系列的特点来界定经营范围，如橡胶产品、机床等，或者从产品系列内含的技术来界定自己的经营范围，如光导纤维、半导体器件等。

其次，从市场角度看，企业可以根据自己所在市场来界定经营范围，具体方法又分两种：一种是根据"企业的顾客是谁"来界定经营范围；另一种是根据"可以满足顾客什么需求"来界定经营范围。

最后，在多种经营情况下，企业不能仅从某一种行业角度或产品、市场角度来界定自己的经营范围，而是需要多方位、多层次地研究自己的市场与顾客，以便更准确地界定经营范围。

（二）资源配置

企业资源是企业实现生产经营活动的支撑点。企业不仅应获得必要的资源，还应善于合理地配置与运用资源，这样才能更好地开展生产经营活动。否则，企业的经营范围就要受到限制。资源配置是指企业对所拥有资源（包括财力资源、物力资源、人力资源和技术资源）进行配置的水平和模式，这是企业的一种特殊能力。当企业针对外部环境的变化采取相应的战略行动时，一般要对已有的资源配置模式进行或大或小的调整，以支持企业的总体战略行动。

（三）竞争优势

竞争优势是指企业在竞争中高于竞争对手的、关系经营全局成败的优势地位和强大实力，它具有战胜竞争对手的作用。例如，领先于时代的技术水平，享誉全球的产品品牌，独特的生产工艺及产品配方等。

20 世纪 60 年代，西方国家的一些传统产业逐渐变成夕阳产业，销售额和利润都在下降。同时，随着新技术的不断出现，产品更新换代加速，竞争问题在国际市场和国内市场上变得更为突出。在这种情况下，一些企业管理者和企业战略研究学者把注意力转向了企业的竞争行为，开始了对企业战略优势的研究。20 世纪 70 年代末 80 年代初，一些西方管理学者得出这样的结论：竞争优势思想将成为战略管理的指导思想，会有越来越多的人把竞争优势思想作为管理哲学来看待。

从战略角度看，企业竞争优势主要由以下因素构成。

一是企业具有的得天独厚的客观条件，包括对企业经营活动非常有利的自然条件和政策条件。

二是实力雄厚的物质基础。一个企业若有雄厚的物质基础，就会使竞争对手无法与之抗衡。

三是高超非凡的生产经营能力，包括技术开发能力、经营管理能力和公共关系能力等。它集中表现为企业开拓市场、占领市场并赢得市场的能力。

四是出奇制胜的竞争行动，包括通过深入谋划、巧妙设计所采取的策略高明、手段强劲、时机恰当，使竞争对手始料不及、无法招架的各种竞争行动。

（四）协同作用

协同作用是指两个以上事物如果能够有机地结合、协调，共同发挥作用，会使效果大于各个事物分别作用的效果之和。协同作用具体落实到企业战略中，就是指企业进行资源配置、确定经营范围和创建企业优势决策时，要追求匹配、协调、互利、互补，使企业总体资源的收益大于各部分资源收益之和，使企业全局效益大于企业各个局部效益之和。

一般来讲，协同作用有以下四种。

1.投资协同作用

投资协同作用是指通过企业内各单位联合利用企业的设备、共同的原材料储备、共同的研究开发能力，以及分享企业专用工具和专有技术等所产生的增效作用。

2.作业协同作用

作业协同作用是指充分利用已有人员、设备，使企业内部尽最大可能地共享信息，并且让共享的信息渗透到企业的业务流程中，从而降低企业成本。

3.销售协同作用

销售协同作用是指通过使用共同的销售渠道、销售机构和推销手段等所产生的增效作用。

4.管理协同作用

管理协同作用是指通过共同运用企业内部某一单位管理经验(包括原有的和新近总结的)产生的增效作用。

上述四种协同作用发挥的基本过程是通过协同机会识别、信息沟通、要素整合、信息反馈等一系列协同活动共同作用，最终实现协同效应的。

在企业战略构成的要素中，前三项主要决定企业效能的发挥程度，后一项则是决定企业效率的首要因素。

二、企业战略的类型

企业战略一般分为企业总体战略和企业经营战略两大类。企业总体战略考虑的是企业应该选择哪种类型的经营业务，经营战略考虑的则是企业一旦选定某种类型的经营业务，应该如何在这一领域竞争或运行。

企业总体战略大致可分为单一经营战略、纵向一体化战略、多元化战略、集团化战略、国际化战略等。企业总体战略是涉及企业经营发展全局的战略，是企业制定经营战略的基础。企业总体战略主要有以下几个基本职能。

第一，全局性、长远性重大战略问题的决策。企业总体战略首先要解决的问题是，通过对目前经营结构的分析评价，确定扩大那些处于成长期、收益性好的市场或事业，缩减那些处于衰退期、收益性差的市场或事业，还要通过对未来环境的分析预测，寻找有利的发展机会，确定应该积极发展的市场与事业。这种经营结构的变革还涉及其他一系列重大决策。例如，企业使命和企业目标的确定，企业生产经营规模的确定，增强企业优势、提高企业竞争能力的决策，新技术、新产品开发的决策，搞好对外协作、合作经营、营销活动的决策等。

第二，协调所属各经营单位的经营活动。这种协调工作会使企业的整体竞争能力和发展能力有所提高，使企业战略的有效性大大超过各个独立经营单位经营活动效果的简单总和。其主要内容是使企业或所属经营单位具有的资源和能力共同享用，各经营单位之间在生产经营活动中能够紧密配合、相互支持。

第三，合理有效地配置资源。一个企业的资源是有限的，因此必须把有限的资源运用到最有可能使企业获得最大利润、保证企业能得到最大发展的项目上。同时，还要使企业的资源有良好的流动性，从经营差的单位及时流向经营好、迫切需要发展壮大的单位，使企业的资源经常处于充分发挥作用的优化状态。

企业经营战略是企业为了实现自己的目标，对企业在一定时期内的经营发展的总体设想与谋划。经营战略是企业总体战略的具体化，其目的是在可以接受的风险限度内，使企业的经营结构、资源和经营目标等要素与市场环境所提供的各种机会形成动态的平衡，从而实现经营目标。

人们按照不同的标准对企业的经营战略进行不同的分类。

按照战略的目的性，可把企业经营战略划分为成长战略和竞争战略。成长战略的重点是产品和市场战略，即选择具体的产品和市场领域，规定产品和市场的开拓方向和幅度。竞争战略是企业在特定的产品与市场范围内，为了取得差别优势，维持和扩大市场占有率所采取的战略。从企业的一般竞争角度看，竞争战略大致有三种可供选择的战略：低成本战略、产品差异战略和集中重点战略。

按照战略的领域，可以把企业的经营战略划分为产品战略、市场战略和投资战略。产品战略主要包括产品的扩展战略、维持战略、收缩战略、更新换代战略、多样化战略、产品组合战略等。市场战略主要有市场渗透战略、市场开拓战略、新产品市场战略、混合市场战略、产品寿命周期战略、市场细分战略和市场营销组合战略等。投资战略是一种资源分配战略，主要包括产品投资战略、市场投资战略、技术发展投资战略、规模化投资战略和企业联合与兼并战略等。

根据战略对市场环境变化的适应程度，可以把企业经营战略划分为进攻战略、防守战略和撤退战略。进攻战略的特点是企业不断开发新产品和新市场，力图掌握市场竞争的主动权，不断提高市场占有率。进攻战略的着眼点是技术、产品、质量、市场和规模。防守战略也称维持战略，其特点是以守为攻，后发制人。它所采取的战略是避实就虚，不与对手正面竞争；在技术上实行拿来主义，以购买专利为主；在产品开发上实行紧跟主义，后发制人；在生产方面着眼于提高效率，降低成本。撤退战略是一种收缩战略，目的是积蓄优势力量，以保证在重点进攻方向上取得胜利。

按照战略的层次性，可把企业经营战略划分为公司战略、事业部战略和职能战略。公司战略是企业最高层次的战略，其侧重点是确定企业经营的范围和在企业内部各项事业间进行资源分配。事业部战略是企业在分散经营的情况下，各事业部根据企业战略赋予的任务而确定的战略。职能战略是各职能部门根据各自的性质、职能制定的部门战略，其目的是保证企业战略的实现。

第三节　企业战略的作用与任务

一、企业战略的作用

（一）可作为决策的支持

企业战略可以使个人或组织所作的决策前后一致，统一在一个主题之下。即使在一个最小的企业里，对于每一个决策，都要充分考虑决策变动的可能后果。但是，由于人们生活的社会具有信息不对称性，不可能掌握作出决策所需的所有信息，即使掌握所有需要的信息，其决策也不一定准确，企业战略此时可以作为决策的支持，避免作出重大错误决策。

（二）可作为协调和沟通的载体

企业战略能使企业决策前后一致，保持连贯性。相应地，在一个结构复杂的组织中，战略可以起到载体的作用，使不同部门和不同个人的决策保持一致。组织是由大量个体构成的，而这些个体都会作出决策，这就使组织面临着一个大问题：如何协调这些不同的决策？在这种情况下，要使企业战略能够协调不同的决策，就要求它能在企业内发挥沟通的作用，将战略制定的责任从企业计划部门转移到直接管理者身上。

（三）强化了企业经营的目标性

在表述企业的未来目标时，企业战略起着连接当前任务和未来前景的作用。确立企业的未来目标不仅可以为战略制定提供指导方针，还能展示企业未来的远大宏图。进入21世纪以来，我国部分国有企业竞争力下降，同时不少乡镇企业失去了20世纪80年代的经营活力，其原因说到底就是没有明确的企业发展战略，当市场需求发生变化、竞争进一步加剧时，这些企业束手无策，很快就失去了竞争能力。

（四）可强化塑造自我的主动性

企业战略是把不适应（或适应）当前环境的企业，塑造成适应未来环境的企业，这是对企业进行的改造，也是对企业的重塑。强化战略管理，就是强化企业进行这种塑造活动的能力。对于塑造企业者来说，具备这一能力，会增强其进行这种"塑造"活动的主动性，即从事企业自我塑造工作的主动性。这种主动性会推动企业从小到大、从弱到强，走上持续成长的道路。

（五）有利于创造富有特色的企业文化

每一个企业都有自己独特的文化，这种文化是一股无形的力量，它影响并规定着企业成员的思维和行为方式，从而对落实企业战略产生重大的影响。因此，创造富有特色、活力的企业文化是实施战略的重要内容。企业在一定时期所实施的战略与原有企业文化有时是一致的，有时可能发生冲突。高层管理人员必须根据不同的情况，采取不同的对策。如果企业现有的企业文化能够适应战略的变化，企业战略的实施就处于非常有利的地位。企业高层管理人员的职责是运用企业文化支持战略的实施。如果企业文化与企业现行的战略不一致，企业高层管理人员就应首先考虑制定新的战略，或者对新战略作出适当的修正，以防止原有企业文化阻碍新战略的实施。如果企业文化不符合环境的变化，企业高层管理人员就要考虑改变原有的企业文化，使之适应企业战略的实施要求。

（六）可推动企业领导和员工树立新的经营观念

企业制定战略和实施战略的一系列管理决策和行动,是对企业的生产经营活动进行总体性管理的过程,其核心是为了企业的长远生存发展,使企业能更好地适应不断变化的环境。实施企业制定的战略,必须以新的经营观念为基础。这些新经营观念包括适应环境变化的观念,不断强化竞争优势、核心能力的观念,适时重组企业结构的观念,与企业外部组织建立战略同盟的观念等。

（七）可增强员工对企业的责任心

企业制定战略的重要目的是使企业全体员工了解企业当前和未来面临的经营形势,企业要进一步分析需解决的重大问题,企业下一步的发展目标和措施,企业各部门、各单位应当完成的任务,每个员工个人应当担负的责任,以及员工个人在企业发展过程中可能获得的成长和利益。实践经验表明,如果企业在战略制定过程中能够达到此项目标,企业员工的凝聚力就强,士气就旺,积极性和创造性就高。

二、企业战略的任务

企业战略管理包括六项相互联系的基本任务,即制定企业的远景规划和业务使命、建立目标体系、战略分析、战略制定、战略实施、战略评价。

（一）制定企业的远景规划和业务使命

远景是企业对其前景所进行的广泛的、综合的和前瞻性的设想,即企业要成为什么,这是企业为自己制定的长期为之奋斗的目标。它是用文字描绘的企业未来远景,使员工产生对未来的向往,从而使员工团结在这个伟大的理想之下,集中他们的力量和智慧来共同奋斗。远景规划描绘的是企业未来发展的蓝图,即企业前进的方向、企业的定位、将要占领的市场位置和计划发展的业务能力。

在未来的 5~10 年或更长的时间里,企业究竟要成为什么类型的企业?在企业决定进入的业务领域,究竟要占据什么样的市场位置?企业管理者对这两个问题的清晰回答就构成了企业的远景规划。明确的企业远景规划是制定战略的前提条件,如果企业前进的方向尚不明确，对于形成竞争优势需要培养哪些能力也不清楚，那么企业战略的制定及经营决策便缺乏明确的指导。

企业当前的业务选择及要为顾客所做的一切构成了企业的业务使命。明确的业务使命应清晰地表达企业现在正从事的业务及要满足的顾客需求。与远景规划相比，业务使命主要描述的是"企业现在正在从事的业务是什么"，而对"企业未来的业务将是什么"涉及不多；远景规划则更多地关注企业未来发展的业务选择。当然，有些企业在进行战略描述时也会将二者结合起来，即不但清晰地描述企业现在的业务，还明确企业未来的前进方向和业务范围。定位清晰的企业远景规划和业务使命可以将其与行业中的其他企业区别开来，使自己拥有独特的形象、独特的业务以及独特的发展道路，从而使顾客更容易识别和记忆。

使命是企业存在的目的和理由，只有企业以某种技术，在某些地区，以某种可获利的价格，向某些顾客提供了某种产品或服务，满足了他们的某种需求，企业才能盈利。

1.顾客的需求

仅仅知道企业所提供的产品和服务是远远不够的。顾客需要的不是产品或服务本身，而是产品或服务提供的功能，而这种功能能够满足他们的某种需求。如果没有需求，那就没有业务可言。

2.对顾客的定位

产品需要满足谁的需求？企业定位的顾客群是什么？顾客群这个因素之所以重要，是因为他们代表了一个产生需要的市场，即企业打算在哪些地理区域内展开竞争，以及企业追逐的购买者类型如何。

3.技术和活动

技术和活动即企业在满足目标市场时所采用的技术和开展的活动。这个因素表明企业是如何满足顾客需求的，以及企业所覆盖的活动是行业的生产-分销价值链的哪些部分。例如，大型的跨国石油公司（如埃克森石油公司）所做的业务包括：租赁采油场、钻油井、实地采油，用自有的油轮和管道将原油输送到自己的炼油厂，以及通过自己的品牌分销商和服务分店网络销售石油和其他精炼产品。这些业务覆盖了整个行业生产-分销价值链的各个阶段。而有些公司则是专业厂商（如沃尔玛），只集中经营行业整个生产-分销价值链的某一个阶段。

（二）建立目标体系

公司的远景规划描述的往往是一段较长时间后公司的理想状态，要达到这种理想状态，需要公司的管理者和员工付出持久、积极的努力。在这个过程中，领导者需要不断对公司的运营状况进行评估与监控，衡量公司的现实运营是否保持正确的方向，前进的速度是否足够快。

明确一致的目标是高效率企业共同的特征之一。建立目标体系就是要将企业的远景规划和业务使命转换成明确、具体的业绩目标，从而使企业的发展过程有一个可以衡量的标准。好的目标体系使企业的各级执行者在采取行动时方向更加明确，努力更有成效。同时，好的目标体系应具有一定的挑战性。具有挑战性的目标往往能使企业更具创造力，使员工的紧迫感和自豪感更强烈。也就是说，如果想获得卓越的成果，就应该制定卓越的目标。

企业的目标体系还需要层层分解，使企业的每一个业务部门及每一个员工都能清晰地知道自己的组织及本人的具体子目标，而且这些子目标完全承接了企业的战略目标。这样，只要企业中每一个部门或员工都能努力完成其职责范围内的任务和目标，那么企业的战略目标及远景规划的实现就不会有什么大问题。正是由于企业的战略目标会最终落实在每个部门和员工的身上，所以企业目标体系的建立需要所有管理人员的参与，目标体系的分解也需要所有员工的参与。企业目标的有效分解有助于在整个组织范围内形成一种以业绩为导向的工作氛围。

企业的目标体系应该既包括着眼于提高企业的短期经营业绩的短期目标，又包括关注企业在更长的时期内持续发展的长期目标。如果企业的短期目标和长期目标发生冲突，那么在大多数情况下，企业的领导者在经营策略及资源配置上应优先考虑企业的长期目标——这应该成为企业的一条基本管理准则。

（三）战略分析

战略分析的目的是结合企业的发展目标，通过内外部环境分析找到影响企业发展的关键因素，并为接下来的战略制定奠定基础。具体内容包括外部环境分析与内部环境分析。

1.外部环境分析

外部环境主要是探究外部环境存在怎样的机会与威胁。内容包括宏观环境分析、产业环境分析、竞争环境分析、国际竞争优势分析等。常用的分析方法有五力模型分析、产业群主分析等。

2.内部环境分析

内部环境分析主要是通过分析企业的资源、能力来寻找企业核心竞争力。结合外部存在的机会与威胁，合理地利用企业的核心竞争力为企业创造价值，这就是战略制定的基础。

（四）战略制定

制定一个能带动企业走向胜利的战略是每一个企业的高层管理团队最优先的管理任务。如果没有战略，或者战略不够清晰，那么企业的经营运作就没有明确的指导，就难以形成满足市场需求、获取竞争优势、达成企业目标的具体策略。如果没有战略，就会缺乏一种整体性的策略原则，而无法将不同部门的运作凝聚成一种统一的团队力量，企业的管理者将难以协调各部门的分散决策和行动，无法形成合力，从而有可能使企业的各种努力互相抵消。

战略制定包括确定企业任务、认定企业的外部机会与威胁、认定企业内部优势与弱点、建立长期目标、制定供选择的战略以及选择特定的实施战略等内容。战略制定过程要决定的问题包括企业进入何种新产业、放弃何种产业、如何配置资源、是否扩大经营或进行多元经营、是否进入国际市场、是否进行合并或建立合资企业等。

任何企业都不可能拥有无限的资源，战略制定者必须明确，在可选择的战略中，哪一种能够使企业获得最大收益。战略决策一旦作出，企业将在相当长的时期内与特定的产品、市场、资源和技术相联系。经营战略决定了企业的长期竞争优势。无论结果好坏，战略决策对企业都具有持久的影响力，它决定了企业各主要经营活动的成败。

在战略制定过程中会面临多种选择，企业要进行挑选。战略要获得成功，应建立在企业的独特技能以及与供应商、客户及分销商之间已经形成或可以形成的特殊关系之上。对很多企业来说，这意味着形成相对于竞争对手的竞争优势，这些优势是可以持续的；或者是某种产品-市场战略，如市场渗透、新产品的开发以及多元化经营等。

战略的另一个方面是形成相对于竞争对手的竞争优势，利用自己的强项，克服或最小化自己的弱项。强项包括使企业具有竞争优势的技能、专业技术和资源。弱项是指使企业处于不利地位的某个条件或领域。

1.公司（总体）战略选择

公司层面的战略选择包括成长型战略、稳定型战略和收缩型战略。成长型战略是以扩张经营范围或规模为导向的战略，包括一体化战略、多元化战略和密集型成长战略；稳定型战略是以巩固经营范围或规模为导向的战略，包括暂停战略、无变战略和维持利润战略；收缩型战略是以缩小经营范围或规模为导向的战略，包括扭转战略、剥离战略和清算战略。

2.业务单位战略选择

业务单位层面的战略主要包括成本领先战略、产品差异化战略和集中化战略三个基本类型。在上述战略中进行选择的标准包括：该战略是否适合企业环境；是否符合利益相关者的预期；从企业的资源和能力来看是否切实可行。

3.职能战略选择

职能战略选择是指各个职能部门根据总体战略以及业务单位战略制定的各部门战略。这是最底层的战略，也是最为详尽的战略。它包括市场营销战略、生产运营战略、人力资源战略、财务战略等。

（五）战略实施

战略实施是指将企业的战略计划变成实际的行动，然后转变成有效的结果，最终实现战略目标。战略实施是战略管理中最复杂、最耗时，也是最艰巨的工作。在性质上与战略制定不同，战略实施完全是以行动为导向的，它的全部工作就是要让事情正确地发生。它基本上包含管理的所有内容，必须从企业内外的各个层次和各个职能入手。战略实施所包含的工作内容有建设企业文化、完善企业规则和制度、制定策略方针、拟定各种预算、组织必要的资源、实施控制与激励，以及提高企业的战略能力与组织能力等。

战略实施的关键在于其有效性。要保证战略的有效实施，首先要通过计划活动，从空间上和时间上对企业的总体战略方案进行分解，形成企业各层次、各子系统的具体战略或策略、政策，在企业各部门之间分配资源，制定职能战略和计划；制定年度计划，分阶段、分步骤地贯彻和执行战略。为了实施新的战略，企业应设计与战略相一致的组织结构。这个组织结构应能保证战略任务、责任和决策权限在企业中的合理分配。一个新战略的实施对组织而言是一次重大的变革，变革总会有阻力，所以对变革的领导是很重要的，包括培育支持战略实施的企业文化，建设激励系统，克服变革阻力等。

虽然不同的企业实施战略的方式并不完全一样，所承担的主要任务也不尽相同，但不管怎样，战略实施都应包含如下几项基础任务：

①建立一个成功实施战略所必备的富有经验和强有力的组织；

②组织实施战略所必备的资源，并分配到关键性的战略环节和活动中；

③制定支持战略的程序和政策，包括战略业务流程与激励政策等；

④按照计划开展战略实施过程中的实践活动，并采取措施改善活动效果；

⑤建立起有效的沟通、信息及运作系统，使企业的所有人员都能更好地扮演他们在战略管理中的角色；

⑥在适当的时机以适当的方式进行适当的激励，以促进战略目标的实现；

⑦打造一种与企业战略相匹配的组织文化和工作环境；

⑧充分发挥战略实施过程中企业中高层管理人员的领导作用，在他们的带动下不断提高战略实施的水平。

战略实施往往被认为是战略管理的行动阶段。战略实施意味着动员雇员和管理者将已制定的战略付诸行动。战略实施往往被看成战略管理过程中难度最大的阶段，它要求企业雇员遵守纪律，有敬业和牺牲精神。战略实施成功与否取决于管理者激励雇员能力的大小，它与其说是一门科学，不如说是一种艺术。已经制定的战略无论多好，如未能实施，也不会有任何实际作用。

（六）战略评价

战略评价是战略管理过程的最后阶段。管理者非常需要知道哪一个特定的战略管理阶段出了问题，而战略评价便是获得这一信息的主要方法。由于外部及内部因素处于不断变化之中，所有战略都将面临调整与修改。几项基本的战略评价活动包括：①重新审视外部与内部因素，这是决定现时战略的基础；②度量业绩；③采取纠正措施。

在大型企业中，战略的制定、实施与评价活动发生在三个层次：企业层次、分部（分企业）或战略事业部层次、职能部门层次。企业战略能促进企业各层次管理者和雇员间的交流与沟通，使企业形成一个竞争集体。绝大多数小企业和一些大企业不设立分部或战略事业部，它们只分企业层次和职能部门层次，处于这两个层次的管理者和雇员也应共同参与战略制定及实施活动。

第三章　企业战略管理过程

第一节　企业战略制定

企业战略管理是根据企业外部环境和内部条件，确定企业的战略目标并制定有效的企业战略方案，在实施过程中进行控制的一系列管理决策与行动。企业战略管理作为一种创新性的、高级的动态管理过程，具体可划分为企业战略制定、企业战略选择与实施，以及企业战略控制等阶段，每个阶段又包括若干不同的步骤。其中，企业战略管理的重点是制定和实施战略。而制定企业战略的关键在于保证企业外部环境、内部条件和企业目标三者的动态平衡，以保证企业战略目标的实现。

一、企业战略的制定原则

企业在实际运营中必须积极应对现实的、眼前的、影响企业生存和发展的环境和竞争压力，同时也要对未来不可准确预测的环境变化及竞争状况有积极反应。因此，企业战略应该既有适应性，又有前瞻性。战略管理实际上就是企业管理者在环境不断变化的情况下持续规划和再规划的演进过程。

所以说，好的战略应符合以下几个基本原则。

（一）长远性和一致性原则

保持企业长远盈利能力的最好办法是增强企业的长远竞争力。要制定能够提高企业长远竞争地位的战略并优先予以执行。如果管理者为了短期的财务目标而将那些能够巩固企业长远地位的强势战略排除在外，就很难保证企业未来的发展。

（二）目的性原则

企业战略制定的目的性原则，要求企业各级管理者明确自己每一项活动所要达到的目标及其对实现战略总目标的意义。目的性原则是企业战略管理活动总的指导原则，企业的一切经济活动都应服从于、服务于企业发展总目标，各项业务活动都应围绕总目标展开。坚持目的性原则，企业经营既可以立足于现实，又可以着眼于未来。

（三）独特性原则

强调特色是企业确定自己竞争优势的关键，中庸式的战略几乎不会产生持久的竞争优势或者特殊的竞争地位。一般情况下，企业如果执行折中式战略或者中庸式战略，其最后的结果就会是：成本一般、特色一般、质量一般、吸引力一般、形象和声誉一般，行业排名居于中间，很难进入行业领导者的行列。

追求差异化是企业突出自己独特竞争优势所采用的主要手段，所以企业应尽力在质量、性能、特色、服务上同竞争对手拉开距离，使自己拥有独特的形象、独特的业务以及独特的发展道路，从而使顾客更容易识别和记忆。

（四）灵活性原则

长期的战略一致性是一种优点，但是对战略进行一些调整以适应变化的环境还是很正常的，也是很有必要的。战略管理是一个不断循环、永远没有终点的过程，而不是一个既有起点又有终点的简单事件。无论是企业的远景规划、业务使命、目标体系、具体战略，还是战略实施过程，在外部环境发生变化时，都应根据实际需要对企业战略进行适应性调整。

企业领导者和战略管理者的重要责任之一就是跟踪战略执行进度、评估企业业绩、监测环境变化，根据需要采取调整性措施。这种调整可能会涉及战略管理的各个方面，可能需要调整企业的长远发展方向，可能需要重新界定企业的业务内容，可能需要对企业的战略及实施策略和行动进行修改与调整。

（五）可操作性原则

所谓可操作性，是指构成战略规划的各种要素应是具体的、可操作的、实实在在的。如果可操作性不强，随意解释，战略规划建设就很有可能沦为空谈。坚持可操作原则，除了要制定宏观的发展战略之外，还要制定一系列与之配套的实施细则。同时，还要将实施细则中的内容量化、程式化、规范化，并且环环相扣、紧密相连、互相配套、共同促进。为此，企业可从以下两方面着手提高企业战略的可操作性。

第一，企业战略要针对企业的实际状况。企业在进行战略分析的时候，要在获得信息的基础上，得出切合自己特点的分析模型。可操作性是指决策要可行，决策的内容可以接受。决策执行的效果取决于两个因素：一是决策自身的质量，二是执行者对决策内容接受的程度，二者相互制约。仅制定决策的人认为决策可行是不够的，还需要执行决策的人认为决策可行。决策的可操作性要求决策的内容既符合主观愿望，又符合客观规律和客观条件，否则，再好的决策也难以执行。

第二，企业战略要使年度计划和战略规划相结合。既然企业要求战略规划具有可操作性，而年度计划是当期的计划，具有很强的操作性，那么年度计划和战略规划的结合就显得更为重要。所以，企业在制定 3～5 年滚动战略规划的时候，要包括最近一年的年度计划。该年度计划根据滚动战略规划第一年的分目标来制定，要说明具体的完成时间和主要的责任人。

二、企业战略的制定程序与方法

企业战略的制定是企业的决策机构组织各方面力量，按照一定的程序和方法，为企业选择适宜的经营战略的过程。制定企业战略是企业战略管理过程的核心部分，也是一个复杂的系统分析过程。

（一）企业战略的制定程序

企业战略的制定程序一般包括以下方面。

1.识别和鉴定企业现行的战略

在企业的运营过程中，随着外部环境的变化和企业自身的发展，企业的战略也应相应地进行调整。要制定新的战略，首先应识别和鉴定企业现行的战略。当现行战略已不适用时，就应及时制定新战略。同时，只有在认清现行战略缺陷的基础上，才能制定较为适宜的新战略。

2.分析企业环境条件

企业经营战略的制定不是依靠主观臆想，而是建立在大量有价值的信息资料的基础上。因此，分析企业外部环境和内部条件，能够为制定企业战略提供科学的依据，是战略制定过程中必不可少的准备工作。企业应调查目标市场、市场需求状况、市场竞争状况等外部环境，分析企业人、财、物资源状况等内部条件，认清自身的优势与劣势，发现存在的经营问题。

3.确定战略目标

战略目标是企业制定战略的基本依据和出发点。战略目标的确定就是在分析经营问题的基础上，确定能解决经营问题的目标。拟定战略目标一般要经过两个环节：拟定目标方向和目标水平。首先，要在既定的战略经营领域，依据对外部环境、需要和资源的综合考虑，确定目标方向。其次，要全面估量现有能力与手段等诸多条件，对沿着战略方向展开活动所要达到的结果进行初步预判，从而形成可供选择的目标方案。

企业内部利益相关者主要有：①向企业投资的利益相关者，包括股东与机构投资者；②经理阶层，一般指对企业经营负责的高、中层管理人员，他们向企业提供管理知识和技能，将各种生产要素整合起来；③企业员工，企业员工是一个包括企业操作层劳动者、专业技术人员、基层管理人员及职员在内的阶层，他们向企业提供各种基本要素，是企业的基本力量。

企业外部利益相关者主要有：①政府，政府向企业提供公共设施及服务，如道路、通信、教育、安全等，制定各种政策法规，协调国内外各种关系，这些都是企业生产经营必不可少的环境条件；②购买者和供应者，购买者包括消费者和推销商，他们是企业产品（或服务）的直接承受者，是企业产品实现价值的基本条件；③贷款人，贷款人与投资者一道，向企业提供资金，但与投资者不同的是，企业以偿付贷款本金和利息的方式给予贷款人回报。

4.形成战略方案

企业战略方案是企业战略的核心部分，是把战略目标、战略重点和实现目标的主要对策加以综合，通过协调平衡而形成的方案。企业应根据发展要求和经营目标，依据所面临的机遇和挑战，列出所有可能达到经营目标的战略方案。企业战略方案一般包括战略思想、战略目标、战略方向、战略重点、战略对策、战略阶段等。

5.评价和比较战略方案

企业根据股东、管理人员以及其他相关利益团体的价值观和期望目标，确定战略方案的评价标准,并依照标准对各项备选方案进行评价和比较。方案的产生与评价过程往往是相互交叉的,通过这个过程把可能解决问题的方案逐渐集中到可选方案上。

6.确定战略方案

在评价和比较战略方案的基础上,企业可选择一个最满意的战略方案作为正式的战略方案。有时,为了增强战略的适应性,企业往往还要选择一个或多个方案作为备选的战略方案。

(二)企业战略的制定方法

不同类型与规模的企业以及不同层次的管理人员,在战略制定过程中会采取不同的方法。在小规模企业中,所有者兼任管理人员,其战略一般是非正式的,主要存在于管理人员的头脑之中,或者只存在于与主要下级达成的口头协议之中。在大规模企业中,战略是通过各层管理人员广泛参与,经过详细繁杂的研究和讨论,有秩序、有规律地制定的。根据不同层次管理人员介入战略分析、制定工作的程度,可将战略制定的方法分为以下四种。

1.自上而下的方法

这种方法是先由企业最高管理层制定企业的总体战略,然后由下属各部门根据自身的实际情况将企业的总体战略具体化,形成系统的战略方案。这一方法最大的优点是领导层高度重视战略,能够牢牢地把握整个企业的经营方向,同时也便于集中领导。其不足之处是如果高层没有深思熟虑或不了解具体情况,就不能对下层进行详尽的指导。同时,该方法也束缚了各部门的手脚,难以充分发挥中下层管理人员的积极性和创造性。

2.自下而上的方法

这是一种先民主后集中的方法。制定战略时,上级对各下属部门不进行硬性规定,只要求积极提交战略方案,之后由企业最高管理层对各部门提交的战略方案加以协调和平衡,经过必要的修改后加以确认。这种方法的优点是,能充分发挥各个部门和各级管理人员的积极性和创造性,能集思广益,同时由于战略方案有着广泛的群众基础,在实施过程中易于贯彻和落实。该方法的不足之处在于,各部门的战略方案较难协调,会影响企业整个战略计划的系统性和完整性。

3.上下结合的方法

这种方法是指在战略制定过程中,企业最高管理层和下属各部门的管理人员共同参与，通过相互沟通和磋商，制定出适宜的战略。这种方法的主要优点是，可以产生较好的协调效果，制定出的战略具有更强的操作性。

4.战略小组方法

这种方法是指企业的负责人与其他的高层管理人员组成一个战略制定小组，共同处理企业所面临的问题。在战略制定小组中，一般由总经理任组长，而其他人员的构成则有很大的灵活性，视小组的工作内容而定，通常是吸收与所要解决的问题关系最密切的人员参加。这种方法的目的性强、效率高，特别适合制定产品开发战略、市场营销战略等特殊战略和处理紧急事件。

第二节　企业战略选择与实施

在企业战略管理过程中，战略选择与实施是战略制定的继续。当一个企业的经营战略制定之后，企业战略管理的工作重点就开始转移到战略选择与实施上。有效的战略选择与实施可以使适当的战略走向成功，弥补不当战略的不足；反之，则会使一个适当的战略面临困境。

一、企业战略选择

（一）企业战略选择的重要性

企业战略是指为实现企业总体目标，对企业未来基本发展方向所进行的长期性、总体性的谋划。企业战略决定了企业各项业务在战略谋划期间的资源分配和发展方向。对大多数企业来说，企业选择发展，因为它们都假定未来业务会不断扩大规模、不断增长。经济增长是大多数企业隐含的假定和预期，不仅企业所有者和高级管理层希望企业发展，其他的利益相关者，包括雇员、供应商以及融资者也都希望企业不断发展。作为企业主要的利益相关者，他们的未来依赖于该企业的发展。然而，在某些情况下，企业并不希望发展，如小型企业老板更希望保持对企业的严格控制，不愿雇用大量的员工。企业总体战略主要考虑的问题是企业业务应当扩张、收缩还是维持不变。

（二）影响企业战略选择的因素

一般认为，在企业战略决策者选择某一特定战略时，下列几个因素将影响其作出战略选择：①企业对外界环境的依赖程度；②管理者对待风险的态度；③企业过去的战略；④企业中的权力关系；⑤中层管理人员和职能人员的影响。

二、企业战略实施

企业战略要真正发挥效用、创造价值，就要转化为实际行动。因此，在战略管理过程中，企业选定最优战略方案后，随即进入战略实施阶段。这一阶段的任务，就是通过一系列行政、经济等手段将战略构想转化为战略行动。战略实施的重要性日益为人们所认识，初期的企业战略管理理论偏重战略规划，而在最新的战略管理理论中，战略实施已开始占据越来越重要的地位。

（一）企业战略实施的模式

企业战略实施的模式主要有以下几种。

1.指挥型

该模式具有明显的集中指导倾向，又称为指令型模式。在这种模式下，企业高层管理人员工作的重点是考虑战略的制定，一旦选定满意的战略，便交给下层管理人员去执行，而自己并不介入战略实施的过程。

这种模式常适用于小企业。在经营状况比较稳定、多种经营程度较低、环境变化小、战略变化不大的情况下，采用这种模式效果比较好。这种模式的缺点是把战略制定者与执行者分开，下层管理者处于一种被动执行的状态，缺少执行战略的动力和创造精神，不利于调动员工的积极性。

2.变革型

与指挥型模式相反，在变革型模式下，企业高层管理人员的工作重点放在战略的实施上，其任务是为有效地实施战略而设计适当的行政管理系统。为此，高层管理人员要在其他各方面的帮助下，根据环境的变化，不断进行变革，如建立新的组织结构、新的信息系统，兼并或合并经营范围，增加成功实施战略的机会。

这种模式多是从企业行为的角度考虑战略实施问题，因而比指挥型模式更容易实施。但是，这种模式也有它的局限性，即只适用于稳定行业中的小型企业。如果企业环境变化过快，企业来不及改变自己内部的状况，这种模式便发挥不出作用。同时，这种模式也是自上而下地实施战略，同样也不利于调动职工的积极性。

3.合作型

在这种模式下，负责制定战略的高层管理人员启发其他管理人员共同考虑战略制定与实施的问题，管理人员可以充分发表自己的意见，提出各种不同的方案。这时，高层管理人员扮演着协调员的角色，确保其他管理人员提出的所有好的想法都能够得到充分讨论和调查研究。

合作型模式克服了指挥型和变革型两个模式存在的局限性，使高层管理人员可以直接听取基层管理人员的意见，获得比较准确的信息。同时，由于战略的制定是建立在集体智慧基础之上的，所以提高了战略实施的有效性。该模式的主要缺点在于战略是集体协商的产物，它可能只是各种不同观点和利益的妥协或折中，其实现可能是以牺牲经济合理性为代价的。

4.文化型

文化型模式扩大了合作型模式的范围，将企业基层的职工也包括进来。在这种模式下，企业高层管理人员先提出关于企业发展总方向的设想，然后广泛邀请全体员工献计献策，提出自己的战略实施方案。在这里，高层管理人员的主要任务是指引大的方向，在战略执行中放手，让每个人作出自己的决策。

这种模式打破了战略制定者与执行者的界限，力图使每一个员工都参与制定及实施企业战略，使企业战略实施更迅速、风险小，这是前三个模式所没有的特点。但是这种模式也有其局限性：它对员工素质有较高要求；同时，企业文化一旦形成，员工就很难接受外界的新生事物；此外，采用这种模式要耗费较多的人力和时间，而且还可能因为企业高层领导不愿放弃控制权，使员工的参与流于形式。

5.增长型

在这种模式下，企业高层管理人员只提出几个量化的指标，鼓励中下层管理人员制定与实施自己的战略，然后从中选优。这有利于管理者在日常工作中不断寻求创新的机会，充分挖掘企业内部的潜力，从而使企业不断成长。

这种模式与其他模式的区别在于它不是自上而下地灌输企业战略，而是自下而上地提出战略，其优点在于：给中层管理人员一定的自主权，鼓励他们制定有效的战略，并使他们有机会按照自己的计划实施战略。同时，由于中下层管理人员和员工有更多的直接面对企业战略的机会，所以他们可以及时把握时机，自行调整并顺利执行战略。因此，这种模式适用于变化较大行业的大型多元化企业。

上述五种战略实施模式在制定和实施上的侧重点不同，指挥型与合作型更侧重于战略的制定，把战略的实施作为事后行为，而文化型与增长型则更多地考虑战略的实施问题。五种模式各有利弊，可以互相补充，但是没有哪种模式可以适用于所有企业。实际上，在企业实践中，这五种模式往往是交叉或混合使用的，具体的采用情况主要取决于企业多种经营的程度、发展变化的速度、规模的大小以及目前的文化状态等。

（二）企业战略实施的内容

为完整、有效地贯彻实施企业已选定的战略方案，一般需要开展调整组织结构、设定计划体系、合理配置资源、营造企业文化和提供信息保障等活动。

1.调整组织结构

企业组织结构是实施战略的重要工具，企业战略的实施在很大程度上依赖健全的企业内部组织机构和高素质的管理人员。实践表明，在战略实施过程中，不适宜的组织结构会妨碍战略的实施，使战略偏离预期的目标，影响企业的经营业绩。因此，企业组织结构是随战略而定的，要根据战略目标的变化而及时调整。在战略管理中，有效实施战略的首要内容就是建立适宜的组织结构，使之与战略相匹配。它们之间匹配的程度如何，将最终影响企业的绩效。

经过几十年的管理实践，人们已经总结出了若干种可行的组织结构类型，包括直线制组织结构、职能制组织结构、事业部制组织结构、矩阵制组织结构。采取何种组织结构，主要取决于企业决策者和执行者对组织战略的理解，取决于企业自身的条件和战略类型，也取决于企业决策者和执行者对组织适应战略发展标准的认识。

在知识经济时代，企业的内外部环境都发生了变化。传统企业组织结构所固有的弊端不断暴露出来，促使学术界不断探索适合知识经济时代的组织结构。综观国内外企业组织结构已经或即将发生的变化，其主要的趋势可概括为以下四个方面。

第一，扁平化趋势。组织结构的扁平化是指通过减少管理层级和增加管理幅度，使组织结构形态由标准的金字塔形向圆筒形转化。这是对层级制组织类型的进一步发展，可使组织变得灵活、敏捷。扁平化组织结构具有以下优势：信息流通畅，决策周期短；创造性、灵活性强，员工工作积极性较强；有助于增强组织的反应能力和协调能力。

第二，弹性化趋势。组织结构的弹性化是指企业为了实现某一目标而把在不同领域工作的、具有不同知识和技能的人集中于一个特定的动态团队中，共同完成某个项目，待项目完成后，团队成员各回各处。这种动态团队组织结构灵活便捷，取消或削弱了组织壁垒，提高了决策和行动的效率，适应了知识经济时代知识共享、人才共用的需要。

第三，网络化趋势。随着时代的发展，网络在组织发展历程中引进新参与者和新内容的能力不断增强，网络化组织形态已逐渐获得独立的地位。组织结构网络化主要是指企业把相互的联结关系纳入一定的组织结构框架下，拓宽组织模式的适应范围。为了更好地适应环境，提高整体效率，企业更注重整合组织结构和各种资源，重建价值链，各企业和经济联合体以网络化的形式联系在一起，形成利益共同体，打破了原来的组织界限，从而使组织成为网络上的节点，形成了新的价值网。其开放性、交互性、平等性的优势，使组织间可以开展更深层次的交往，丰富了组织的内容。

第四，虚拟化趋势。组织结构虚拟化是指把不同地区的资产迅速组合成一种没有围墙、超越空间约束的企业组织模式。随着经济全球化的进程加快，大量的劳动力将游离于固定的企业系统之外，分散劳动，职能部门外包，通过网络扩大合作范围将会成为新的工作方式。虚拟组织结构有利于各企业发挥自己的核心优势，既有利于企业的发展，也有利于社会生产力的提高。

总的来说，企业战略与组织结构的关系就如同生产力与生产关系之间的相互作用，生产力决定生产关系，同时生产关系对生产力又具有反作用。企业战略决定组织结构，同时组织结构对战略会产生反作用。战略的调整会引起组织结构的调整，然而，当新的战略形成时，组织结构也会对新战略起到促进或阻碍作用。当组织结构与战略相匹配时，就起到促进作用，不匹配时则起到阻碍作用，此时组织结构应进行调整，以更好地促进战略的实施。因此，要想顺利实现企业目标，就要尽可能使组织结构与企业战略相匹配；反之，与企业战略不适应的组织结构将会阻碍、限制战略的发挥。基于此观点，在企业战略实施过程中，如果要调整组织结构，则应注意以下几个问题。

第一，选择与企业战略相适应的组织结构。一个既定的战略不可能持续适应不断变化的环境，一个既定的组织结构也不可能持续适应不断调整的战略。随着市场环境的动态变化以及企业自身发展需求的变化，企业的战略也需要动态地进行调整。对于管理者而言，要想有效地实施战略调整，就要处理好企业战略与组织结构的关系，构造适宜的组织结构，使其与战略互相匹配。企业在选择组织结构前，要分析战略的特点，比较不同组织结构类型的优缺点，并结合自身所处的环境、发展阶段，选择最适合的组织结构。

第二，加强企业文化建设。一个企业如果具备了良好的战略和与之相匹配的组织结构，却没有可以体现其内涵的企业文化，那么该企业在激烈的竞争中也很难立于不败之地。组织结构可以称为一个企业的"形"，而文化则是企业的"魂"，缺乏文化内涵的组织结构是没有活力的，对企业的支撑也不会长远。从另一角度来看，企业文化代表了企业员工的共同价值准则，如果缺乏文化，员工自然无法对企业战略达成共识，从而难以保证员工在战略实施过程中思想统一。

第三，克服组织结构惰性，根据战略进行调整。企业成功后，通常会遇到组织结构、企业文化上的惰性，这些惰性也曾经是企业成功的经验，但随着时间和空间的变化，这些固有经验可能会阻碍企业的发展。企业已有的成功路径将会限制其战略选择及战略更新。企业存在于一个瞬息万变的环境中，企业战略需要根据环境的变化与自身需求来进行调整。战略与结构的匹配是一个动态的过程，如果两者被孤立，企业将无法持续获得竞争优势。因此，当企业战略进行调整时，必须克服组织惰性，对组织结构进行相应调整。

2.设定计划体系

计划是管理的一个重要职能，是实施战略的具体行动方案。企业经营计划规定了所要达到的目标和实现目标要采取的措施，包括各种资源的分配以及在时间、空间等方面作出的具体安排。这有利于企业和员工明确奋斗目标和努力方向，减少盲目性，合理安排资源，提高经济效益，同时有利于企业内部各部门、单位和员工的工作协调运转，确保战略的实施。

企业经营计划作为一个体系，按所计划的期限长短可分为长期计划、中期计划和短期计划。长期计划为五年以上的计划，短期计划是年度计划，中期计划介于两者之间，是衔接性计划。

按内容划分，计划可分为策略计划和职能计划。策略计划是实现战略目标对策的计划；职能计划是各个职能部门编制的计划，如商品采购计划、商品销售计划等。

按对象划分，计划可分为单项计划和综合计划。前者是为解决某一特定问题而制定的计划；后者则是在前者的基础上综合而成的计划。

按作用划分，计划可分为进入计划、撤退计划和应急计划。进入计划是为了开辟新市场所制定的计划；撤退计划是为了从某个市场退出而制定的计划；应急计划是为了应对意外情况发生而制定的计划。

3.合理配置资源

资源配置是战略实施的又一重要内容，战略资源的配置是否合理，可促进或抑制战略实施的过程。企业在战略实施过程中，要对所属资源进行优化配置，才能充分保证战略的实现。

企业战略资源是指企业用于战略行为及计划推行的人力、物力、财力等资源的总和。它具体包括企业的采购与供应实力、生产与促销实力、技术开发实力、财务实力、人力资源实力、经营管理实力，以及对时间、信息等无形资源的把握能力。

企业在推进战略过程中所需要的战略转换往往就是通过转换资源分配方式来实现的。由于在企业战略资源中，只有无形资源很难把握，除人力资源之外的有形资源都可以用价值形态来衡量，所以企业战略的分配一般可分为人力资源和资金两种方式。资金和人力的短缺会使各战略经营单位无法完成其战略任务，过多的资金和人力又会造成资源浪费，弱化战略实施的效果，因此对这两种资源进行分配时，必须慎重考虑、合理分配。

（1）人力资源的分配

人力资源的分配一般有三个内容：①为各个战略岗位配备管理和技术人才，特别是对关键岗位的关键人物的选择；②为战略实施建立人才及技能储备，不断为战略实施输送有效的人才；③在战略实施过程中，注意搭配和权衡整个队伍的综合力量。

（2）资金的分配

企业中一般采用预算的方法来分配资金资源。所谓预算，是指一种通过财务指标或数量指标来体现企业目标、战略的文件。战略的实施通常可采取以下几种预算方式。

第一，零基预算。它不是以上年度的预算执行情况为基础，而是一切经营活动都从成本-效益分析开始，从而有效地防止了预算控制的无效性。

第二，规划预算。它是按规划的项目而非按职能来分配资源。规划预算的期限较长，常与项目规划同步，从而便于直接观察项目规划对资源的需求和项目成效，提高整个财务预算的科学性。

第三，灵活预算。又称为比例预算，是指设定一些比例指标，通过控制相对指数来灵活地实施预算的一种方法。它允许费用随产出指标变动而变动，因而有较好的弹性。

第四，产品生命周期预算。产品在不同生命周期中对资金有着不同的需求，而且各阶段的资金需求有着不同的费用项目，这时就要根据不同阶段的特征来编制各项资金支出计划与原则。

在资金分配中应遵循两项原则：第一，根据各单位、各项目对整个战略的重要性来设置资金分配的优先权，以实现资源的有偿高效利用；第二，努力开发资金分配在各战略单位的潜在协同功能。

4.营造企业文化

在战略管理过程中，企业内部新旧文化的协调和更替是战略实施获得成功的重要保证，营造富有活力的企业文化是实施战略的重要内容。当企业实施的战略引起企业组织结构、管理人员、经营过程等发生重大变化，而企业现有的企业文化能够适应战略的变化时，企业战略的实施就处于非常有利的地位。企业高层管理者的职责就是利用目前的有利条件，巩固和强化现有的企业文化，充分发挥企业文化对战略实施的促进作用。

当企业实施的战略需要对组织结构和经营活动作出重大调整，而这种调整所要求的企业文化与企业现行的文化不一致时，企业高层管理者应首先考虑企业是否要推行新战略。这是因为企业为实施新战略，要冒改变原有企业文化的风险，可能会付出巨大的代价，而这一改变能否取得预期的效果还不能预料。如果企业高层管理者认为没有必要冒这一风险，就要考虑重新制定更适合的战略，或者对新战略进行适当修正，以防止原有文化阻碍新战略的实施。

5.提供信息保障

无论是战略的制定还是战略的实施，每一个环节、每一个行动，都要以信息作为基础，否则就会无法把握住方向。同时，战略实施的每一个行动都会产生相应的信息，只有及时反馈这些信息，各级管理者才能作出科学的分析和正确的判断，及时采取有效措施，使战略实施系统始终保持最佳的运行状态。因此，企业的各级管理人员，尤其是高层管理人员，要利用正式的和非正式的渠道收集关键性的战略信息，以便于随时掌握战略实施的情况，及时解决出现的问题。

第三节　企业战略控制

企业战略控制是企业战略管理过程的最后一个环节，是对战略实施的效果进行测定，及时发现实施效果与战略目标之间的差异，并迅速采取纠正措施的战略管理活动。在战略实施过程中，既定战略常与变化着的企业内外环境发生矛盾，战略实施效果也常会偏离预定的战略目标。为保证战略目标的实现和战略执行计划的完成，除需要不断增强战略的应变性外，还要切实加强战略控制。

简单来说，战略控制就是对企业战略实施过程进行严密监控，及时发现并纠正偏差，为实现战略目标提供有力保证。战略控制与作业控制既有联系又有区别。首先，作业控制的对象是由战略落实而制定的年度计划乃至短期的计划，这些计划的实现是战略实现的条件，所以两种控制的终极目标是一致的。在作业控制中同样可能产生战略是否需要变革的问题，这就同战略控制结合起来了。其次，战略控制关注的是长远性的战略和目标能否实现，是否需要变革；作业控制则关注年度计划乃至短期的季度、月度计划目标能否实现，是否需要变革。再次，战略控制的目的是保证企业的基本方向和战略的适宜性，及时改变不适宜的战略；作业控制则是对企业生产经营、业务活动的控制，要求及时纠正不合理的活动。最后，战略控制是对企业外部环境和内部环境条件的连续监测，主要由战略调研部门提供所需信息；作业控制则侧重对企业生产经营、业务活动的连续监测，主要由会计、统计等核算部门提供信息。

一、企业战略控制的过程

企业战略控制的目标就是使企业战略的实际实施效果尽量符合预期的战略目标。为达成这一目标，可将企业战略控制的过程分为制定评价标准、衡量实际效益、评价实际效益、纠正措施和权变计划四个步骤。

（一）制定评价标准

战略控制过程的第一个步骤就是根据预期的战略目标或计划，分析出应当实现的战略效益，制定具体的评价标准。评价标准是企业战略目标或计划的具体表述，为企业的各项工作成果提供了评判尺度。这些标准既可以是定性的，也可以是定量的，要根据不同组织单位和不同的目标灵活选用。

1.可行性标准

它评估战略在实践中会如何运行。例如，是否有足够的资源使战略得以实施？是否有足够的资金？是否可获得相关技术的支持？企业员工能力是否足够？

2.可接受标准

它评估战略的收益结果是否可被接受。例如，战略产生的利润或收益增长是否足以达到高级管理者、股东及其他权益持有者的期望？该战略所涉及的风险有多大？该战略的实施是否需要对企业结构进行重大调整？

3.适宜性标准

它评估备选战略在多大程度上适用于战略分析中所识别出的问题。该战略是否充分利用了企业的优点，克服、避免了企业的缺点并且应对了环境方面的威胁？它是否有助于企业实现目标？

在定性评价标准方面，国外一些学者提出了六种标准：①战略内部各部分内容具有统一性；②战略与环境保持平衡性；③战略执行中注重评估其风险性；④战略在时间上保持相对稳定性；⑤战略与资源保持匹配性；⑥战略在客观上保持可行性和可操作性。

在定量评价标准方面，可根据以下项目制定具体指标：销售额、销售增长、净利润、资产、销售成本、市场占有率、价值增值、产品质量和劳动生产率等。

企业战略的各项定量标准，不仅应与本行业的有关资料进行对比，特别是与竞争对手的有关资料进行比较，还要与国外同行业领先者的资料进行对比才能确定。

（二）衡量实际效益

在这一步骤中，企业主要是判断和衡量实现企业效益的实际条件。管理人员需要搜集和处理数据，进行具体的职能控制，并且监测环境变化时所产生的信号。环境变化产生的信号主要分为外部环境信号和内部环境信号。其中，外部环境信号比较重要，但较难预测到，其影响也比较难以确定；内部环境信号则较易监测，而且时间也较短。

此外，环境变化的信号还可分为强信号和弱信号两种。所谓强信号，是指环境变化的信息全面且明确，企业可以作出反应的时间和选择的余地都很少。这种强信号出现时常常没有征兆，出现以后，企业大多不熟悉所发生的状况。在这种情况下，企业一般会突然感到有重大的战略机会或威胁。弱信号常常会在强信号之前或伴随着强信号出现。企业管理人员在判断和衡量实际效益时，应尽可能及早而且正确地捕捉到弱信号，从而减少意外，增加对强信号的反应时间。企业一旦发现了环境变化的弱信号，就应对此进行监控，并制定采取反应措施的计划。

（三）评价实际效益

在这一步骤中，企业要比较实际的效益与计划的效益，确定两者的差距，并尽可能分析出形成差距的原因。如果实际效益在计划效益范围内，就表明实现了预期的战略目标，应当总结成功的经验，必要时将其升华为企业内部的惯例或行为规范。如果实际效益与计划效益出现偏差，则要进一步分析形成偏差的原因，可从战略本身、战略环境、战略执行等多个方面进行分析。

（四）纠正措施和权变计划

在战略控制的最后一个步骤里，企业应考虑采取纠正措施或实施权变计划。如果战略评价是在企业战略的执行过程中进行，那么一旦战略实施的结果出现了偏差，就必须针对存在的问题采取相应的对策和措施。如果战略评价是在战略实施终结时作出的，也必须认真分析导致战略实施出现偏差的原因，提出可行性建议，为新的战略制定和实施提供借鉴。

具体而言，企业采取纠正措施的方式主要有三种。

常规模式：企业按照常规的方式去解决所出现的问题，这种模式花费的时间较多。

专题解决模式：企业重点解决目前所出现的问题，这种模式反应较快，能节约时间。

预先计划模式：企业事先对可能出现的问题有所计划，从而减少反应的时间，增强处理意外事件的能力。

权变计划是指企业在战略控制过程中为了应对重大意外情况，必须采用的备用应变计划，这种计划也是一种及时的补救措施，旨在帮助企业管理人员处理不熟悉的情况。

二、企业战略控制的方法

控制方法按控制系统控制的对象可分为行为控制和产出控制。行为控制是指直接对具体生产经营活动的控制，它基于直接的个人观察。当工作成绩的要求或标准形成后，需要通过人为观察来提高效率时，通常运用行为控制。产出控制是检查活动成果是否符合战略计划或评价标准的要求而进行的控制。它基于对定量数据，如销售额、财务或生产记录等的测定。在评定大型复杂的企业及这些企业内部主要的下属单位的工作成绩时，常使用产出控制。产出控制便于企业将其工作成绩与其他企业的工作成绩相比较，也可以比较企业下属单位的工作成绩。

为实施有效的控制，人们在战略控制系统中使用了多种控制方法，其中较为常用的有以下几种。

（一）预算

预算是在企业内各单位之间分配资源的主要手段，同时也是实施控制的重要方法，而且可能是使用最广泛的控制方法。预算通过财务部门的开支记录、定期报表等来表明预算的实际收支以及两者的差额，然后报给所涉及的不同层次的负责人进行偏差分析，找出原因，采取纠正措施。

（二）审计

审计是由有关审计人员客观地获取与所评价的经济活动和事件判断有关的论据，经过评价弄清这些判断与实际状况之间的相符程度，并把结果告知用户或相关负责人，来采取纠正措施。

在我国，执行审计的人员可分为两类：一类是独立的审计人员或注册会计师，他们是为各企业提供有偿服务的专业人员，其主要职能是检查委托人的财务报表。此外，他们也负责其他工作，如会计服务、税务会计、管理咨询，以及为委托人编制财务报表等。另一类是企业内部审计人员，其主要职责是确定企业的方针和程序是否被明确地执行，并保护企业的资产。此外，他们还要经常评估各单位的效率及控制系统的效率。

（三）现场观察

现场观察算得上是一种最古老、最直接的控制方法，即企业各级管理人员亲临生产、经营现场，实地视察，可以直接发现和解决可能出现的问题。视察的时间可以定期或不定期，视察的方式可以是"走马观花"或"下马看花"。

（四）目标管理

目标管理既是战略实施的有力工具，也是战略控制的有效方法。企业通过定期对战略实施过程进行审查，按目标管理的内容将实际成果与标准或目标进行比较，能及时发现偏差并采取纠正措施，从而实现控制功能。

第四章　企业战略环境分析

第一节　宏观环境分析

企业战略环境分析是企业战略管理的基础，主要包括宏观环境分析和行业环境分析。任何企业都是在一定环境中从事活动的，企业的生存和发展要受其所在环境的影响和制约。外部环境的种种变化，可能会给企业带来两种不同的影响：一是为企业的生存和发展提供新的机会；二是可能会对企业的生存构成威胁。分析企业的外部环境，主要是为了识别环境给企业带来的机会和威胁。

宏观环境是指在国家或地区范围内对一切产业部门和企业都将产生影响的各种因素或力量。一般来说，宏观环境因素可以概括为以下四类：政治法律环境、经济环境、社会文化环境、技术环境。

一、政治法律环境

政治法律环境是指一个国家或地区的政治制度、方针政策、法律法规等，这些因素显著地影响着企业的经营行为和利益，尤其会影响企业的长期投资行为。

政治是一种重要的社会现象，考察企业面临的政治因素及其运行状况是企业宏观环境分析的重要组成部分。具体来说，政治因素分析包括以下四个方面。一是企业所在国家或地区的政局稳定状况。一个国家或地区政治与社会的稳定是大多数企业顺利进行营销活动的基本前提。二是政策的连续性和稳定性。政策的连续性和稳定性会直接或间接地影响企业的经营计划和策略，引导企业的投资方向，调整产业结构。三是政府对企业行为的直接影响。政府所拥有的资源和政府购买行为等极大地影响着一些企业的战略，如土地储备对房地产公司的影响，政府投资基础建设为工程类企业提供的市场机会等。四是国际政治形势及其变化。国际政治局势、国际关系、目标国的国内政治环境等，对一个国际化的企业来说，影响是非常明显的。

法律是政府管理企业的一种手段。法律环境分析主要包含的因素如下。一是法律规范，尤其是和企业经营密切相关的经济法律法规，如《中华人民共和国公司法》《中华人民共和国反不正当竞争法》《中华人民共和国合同法》《中华人民共和国商标法》等。二是司法执法机关。在我国，除法院、检察院、公安机关外，与企业关系较为密切的执法机关还有工商行政管理机关、税务机关、技术质量管理机关、专利机关、环境保护管理机关等。三是企业法律意识。企业的法律意识最终会表现为一定性质的法律行为，并造成一定的行为后果，从而构成每个企业必须面对的法律环境。四是国际法所规定的国际法律环境和目标国的国内法律环境。如果企业实施国际化战略，则需要对国际法和不同国家的法律环境进行分析，避免企业在开展国际业务时遭受损失。

二、经济环境

经济环境是指构成企业生存和发展的社会经济状况，主要包括社会经济结构、经济体制、经济发展水平、宏观经济政策、社会购买力、居民消费状况等因素。经济环境的各因素对不同企业的影响不尽相同，企业在进行经济环境因素分析时，需要结合自身实际情况，重点考虑对本企业影响较大的关键因素。

（一）社会经济结构

社会经济结构是指国民经济中不同的经济成分、不同的产业部门，以及社会再生产方面在组成国民经济整体时的相关比例及关联状况。

（二）经济体制

经济体制是指一个国家或地区负责制定并执行经济决策的各种机制的总和。它是一国国民经济的管理制度及运行方式，规定了国家与企业、企业与企业、企业与各经济部门的关系。

（三）经济发展水平

衡量经济发展水平的常用指标有国民收入、国内生产总值及其变化情况，以及通过这些指标能够反映的国民经济发展水平和发展速度。经济的发展和繁荣显然会为企业的生存和发展提供有利机会，而萧条、衰退的形势则可能给所有企业带来生存危机。

（四）宏观经济政策

宏观经济政策主要指国家经济发展战略、产业政策、国民收入分配政策、金融货币政策、财政政策等，往往从政府支出总额、投资结构，以及利率、汇率、税率、货币供应量等方面反映出来。

（五）社会购买力

社会购买力是指一定时期内社会各方面购买产品的货币支付能力。市场规模取决于购买力。

（六）居民消费状况

消费者的消费需求、消费水平及支出模式，会影响企业的战略决策。

三、社会文化环境

社会文化环境是指企业所在社会中成员的民族特征、人口数量、教育文化水平、宗教信仰、价值观念、生活方式、文化传统、风俗习惯等。从影响企业战略制定的角度来看，社会文化环境可分解为人口因素和文化因素两个方面。

人口因素对企业战略的制定有重要影响。例如，人口数量决定了一个国家或地区的劳动力供给状况和潜在市场容量；人口的性别比例和年龄结构在一定程度上决定了社会的需求结构，进而影响社会供给结构和企业生产；人口的教育文化水平直接影响企业的人力资源状况；人口的地理分布决定消费者的地区分布，而消费者的地区分布范围越广，消费者的喜好就越多样化，这就意味着会出现多种多样的市场机会。

文化因素对企业的影响是潜在的、持久的。哲学、宗教、语言、艺术等共同构筑成文化系统，它们对企业文化有重大的影响；社会公众的价值观念已成为评判企业行为的重要标准；社会发展的新趋向打破了传统习惯，影响着人们的消费倾向、业余爱好以及对产品与服务的需求，让企业既面临新的市场机会，也面临着环境变化的挑战。

四、技术环境

技术环境是企业所处的社会环境中的技术要素及与该要素直接相关的各种社会现象的集合。它既包括引起时代革命性变化的产业技术进步，也包括与企业生产直接相关的新技术、新工艺、新材料的应用程度和发展趋势，还包括国家和社会的科技实力、科技体制、科技政策与科技立法。科技实力是指一个国家或地区科技研究与开发的实力。科技体制是指一个国家社会科技系统的结构、运行方式及其与国民经济其他部门关系状态的总称。科技政策与科技立法是指国家凭借行政权力与立法权力，对科技事业进行管理和指导的途径。

当前，一场以电子技术和信息处理技术为中心的新技术革命正在兴起，它既促进了一些新兴产业的高速发展，又推动了老产业的革新，同时也对企业管理产生了重要影响。所有的企业，尤其是技术密集型、产品更新换代较快的企业，必须密切关注最新的技术发展趋势，以便采取促进技术创新、避免技术落后的战略行为。

第二节 行业环境分析

行业是指生产相同功能的产品、面对同一购买群体的一批企业，以及其他利益相关者的集合。行业环境指对处于同一行业内的企业都会产生影响的环境因素，它是影响企业生产经营活动最直接的外部因素，是企业赖以生存和发展的空间。一个行业的经济特性和竞争环境以及它们的变化趋势，往往决定了该行业的发展前景。

企业的行业环境分析主要包括以下几点：一是行业总体分析；二是行业竞争状态分析；三是行业内的战略群体分析；四是行业中的主要竞争对手分析；五是成功关键因素

分析。

一、行业总体分析

（一）行业的主要经济特性

因为不同行业在特征和结构方面有着很大的差别，所以行业环境分析往往要先从整体上把握行业中主要的经济特性。一般来说，行业之间的差异主要体现在以下几个方面。

首先，就市场规模而言，小市场一般吸引不了大的或新的竞争者，而大市场往往更能引起企业的兴趣，因为企业希望在有吸引力的市场中建立稳固的竞争地位。就市场增长率而言，较高的市场增长率会鼓励其他企业进入；市场增长率较低则会使市场竞争加剧，使弱小的竞争者出局。

其次，就行业在成长周期中目前所处的阶段而言，该行业是处于形成期、成长期、成熟期还是衰退期；就市场角逐的范围而言，该行业的市场是当地性的、区域性的、全国性的还是国际性的；就竞争厂商的数量及其相对规模而言，行业是被众多的小企业所细分还是被几家大企业所垄断。除此之外，还要考虑购买者的数量及其相对规模，分销渠道的种类等。

再次，就产品生产工艺革新和新产品技术变革的速度而言，行业的产品革新或技术变革会使风险迅速提高，因为生产的产品或投资的设备容易提前遭到淘汰；就竞争对手的产品或服务而言，要考虑各企业提供的产品或服务是强差异化的、弱差异化的还是同质的；就规模经济的程度而言，要考虑行业中的企业能否实现采购、制造、物流、营销等方面的规模经济。

最后，就经验曲线效应的程度而言，要考虑行业中的某些活动是否有学习及经验效应方面的特色，从而观察单位成本是否会随累积产量的增长而降低；就生产能力利用率而言，生产能力利用率的高低在很大程度上决定企业能否获得成本生产效益；就必要的资源以及进入和退出的难度而言，行业壁垒高往往可以保护现有企业的地位和利润，而退出困难则会加剧行业内的竞争；就行业的整体盈利水平而言，高利润的行业吸引新进入者，行业盈利性差往往会使部分竞争者退出。

（二）行业生命周期

一个企业是否具有长期发展潜力，首先同它所处行业的生命周期有关。因此，企业应特别注重对其所在行业生命周期的分析。行业生命周期是一个行业从出现到完全退出社会经济活动所经历的时间。行业生命周期理论表明，不同的行业从产生到衰退基本上要经历四个阶段：形成期、成长期、成熟期、衰退期。行业生命周期曲线的形状是由社会对该行业的产品需求状况所决定的。行业随着社会某种需求的产生而形成，又随着社会对这种需求的发展而壮大，最后当这种需求不存在时，整个行业也随之消失。

1.形成期

形成期是指某一行业刚出现的阶段。在此阶段，企业刚建立或刚生产某种产品，忙于发展技术能力和开辟新用户，市场占有率分散且变动，行业内竞争者较少。此时产品设计尚未成熟与定型，产品的开发、销售成本很高，利润很低甚至亏损，企业进入市场的壁垒低，市场风险很小。本阶段内企业主要关心如何获得足够的资金投入以确保生存和发展，其重要职能是研究开发产品和技术。

2.成长期

进入成长期，行业的产品已比较完善，顾客对产品的认知程度迅速提高，市场迅速扩大，企业的销售额和利润快速增长，进入壁垒提高。同时，丰厚的利润空间促使不少企业加入该行业，行业的规模扩大，竞争日趋激烈。企业的经营显出复杂性，市场营销和生产管理成为企业的关键职能。

3.成熟期

进入成熟期后，行业的市场趋于饱和，销售额已难以增长，甚至在成熟期后期开始下降。买方市场形成，行业盈利能力下降。技术、用户和市场占有率大体上稳定而清晰，行业进入壁垒很高。行业内部竞争异常激烈，合并、兼并现象大量出现，行业由分散走向集中，往往只留下少量的大企业。产品成本和市场营销有效性成为企业能否存留的关键因素。

4.衰退期

到了衰退期，由于替代品的出现，市场萎缩，行业规模缩小，产品销售量和利润水平大幅度下降，原有企业纷纷退出该行业领域，这一阶段的行业可能延续一段较长的时间，也可能迅速消失。在此阶段，企业面临较多难以预料的风险，制定、实施成功的退出或转移战略，成为企业进行战略管理活动的主要内容。

判断行业生命周期所处阶段的主要指标有用户量、产量、市场增长率、利润、产品品种、竞争者数量、竞争的性质、进入及退出壁垒、技术变革、用户购买行为、用户的稳定性、产品价格、促销、市场份额等。

（三）经验曲线

经验曲线是指随着一个企业生产某种产品或者从事某种业务的数量的增加，随着经验的不断积累，其单位生产成本将趋于下降。经验曲线是成本分析的关键，企业在制定总体战略时，需要了解企业每项经营业务的经验曲线。

1960 年，美国波士顿咨询公司的亨得森（B.Henderson）首先提出了经验曲线效应。亨得森发现生产成本和总累计产量之间存在一定的相关性，当累积产量增加一倍时，产品单位成本将以 20%～30%的比例下降。也就是说，如果一项生产任务被反复执行，它的生产成本将会以一个恒定的、可测的比率随之降低。

随着累计产量的增加而出现成本下降的经验效应出自以下几个原因。

1.劳动的熟练程度

员工通过学习而提高重复从事某项工作的熟练程度，从而提高完成这种工作的效率，即人们所说的熟能生巧。

2.专业化分工

规模化大生产促使专业化分工成为可能，从而促使生产效率大幅度提高，流水线作业就是一个明显的例证。

3.产品和工艺的改进

随着累计产量的增加，产品和工艺改进的机会不断增多，必然会提高生产效率，使生产成本下降，如产品设计的改进和标准化、原材料利用率的提高、生产设备和运送设备的改进等。

4.专有技术

随着产量的增加，企业会在生产、技术和管理等方面逐步积累起丰富的经验和知识，从而提高生产效率，使单位产品成本降低。

5.合理的投资

对有发展前景的项目加大投资强度也是形成经验效应的一个重要原因。经验曲线在企业经营管理中运用广泛，可以通过对产品单位成本的预测，为产品定价提供可靠的依据。

在行业分析中，分析业内各个企业的经验曲线具有重要意义。如果某一行业的特点是生产过程中的经验能够取得明显的经济效益，那么当该行业中的某个企业首先生产出某种新产品，然后成功地获取了最大的市场份额时，它就可以成为一个低成本生产商，获得由此带来的持久竞争优势。当所有的企业都使用一条同样的经验曲线时，它们在成本上的差距取决于其市场占有率的大小；否则，经验曲线效应越显著，累积产量最大的公司所获得的成本优势就越大。在一个处于成熟期的行业，一个外来者以新的技术，即以一条更具优势的经验曲线进入，虽然刚开始在市场占有率上处于劣势，但能迅速取得成本优势，并很快扩大其市场占有率。

值得注意的是，产品的经验曲线与规模经济往往交叉地影响产品成本的下降水平。但是，这两者在促使成本下降的原因和方式上有显著差别。第一，从原因上看，经验曲线导致成本下降的原因是在一定时间内生产产品的累积数量，而规模经济促成成本下降的原因是在某个时间里生产产品的数量。第二，从方式上看，规模经济导致成本下降的方式是生产产品数量增加后，分摊到每个产品的固定成本金额减少；而经验曲线导致成本下降的方式主要是改善企业管理，如果管理不善，成本还有可能回升。

二、行业竞争状态分析

一个行业的竞争状态取决于行业的经济结构，行业的经济结构又对企业竞争战略的制定和实施起着制约作用。如前文所述，波特教授提出了分析行业结构的五力模型，这是用来分析企业所在行业竞争特征的一种有效工具。五力模型理论认为，一个行业中存在着决定竞争规模和程度的五种基本力量，即新进入者的威胁、行业中现有竞争对手的竞争、替代品的威胁、购买者议价能力和供应者议价能力。这五种竞争力量的状况及其综合强度引发行业内经济结构的变化，从而决定行业的竞争状态和行业内在的盈利潜力。

这五种竞争力量的综合作用随行业的不同而不同，而且会随行业的发展而变化，结果表现为所有行业内在盈利能力的不一致。在竞争比较激烈的行业，如我国的家电业、食品加工业、机械加工业，多数企业获利较少；而在竞争相对缓和的行业，如我国的石油化工行业、通信行业、银行业，许多企业都获利丰厚。因此，一个行业的获利能力并非取决于其产品的外观或其技术含量，而是取决于其竞争结构。

例如，某一行业的产品尽管技术含量高，但却面临被其他产品替代的威胁，那么，这一行业的多数企业就会经营艰难。另外，在不同的行业或某一行业的不同时期，各种竞争力量的作用是不同的，一般是某一种或两种力量起主导作用，其他竞争力量处于相对次要的地位。再如，若一个企业处于某行业的高速发展时期，多一些新进入者可能对它不构成威胁，但如果出现更好的替代品来竞争，就会严重削弱该企业的收益水平。

（一）新进入者的威胁

通常来说，任何一个行业在利润可观的情况下，都会刺激行业内现有企业增加投资以提高生产能力，还会吸引行业外的企业进入该行业。这些新进入者会向该行业注入新的生产能力和物质资源，这样势必会冲击行业现有企业的市场份额，同时，也会导致本行业的产量增加。其结果可能会引起价格下降，并降低行业的利润率。这种由于新进入者的加入而对行业内原有企业产生的威胁称为新进入者的威胁。这种威胁的大小通常取决于两个因素：一是新进入者进入市场障碍的大小；二是该行业内现有企业的反应程度。

所谓进入市场的障碍，是指影响新进入者进入现有行业的因素。这些因素是新进入者必须克服的障碍。进入障碍的存在使新进入者的进入成本增加，加大了一个企业进入某行业的难度。进入市场的障碍越大，对欲进入行业的企业来说就越困难，对行业内现有企业来说，进入威胁就小一些；反之，进入威胁就会增大。进入障碍的大小主要取决于以下因素。

1.规模经济

衡量企业的一个重要经济技术指标就是规模经济。规模经济是指在一定时期内产品的单位成本随生产规模和产量的增加而降低。事实上，几乎企业的每项职能（如制造、采购、研发、营销等）都存在规模经济效应。规模经济的存在给新进入者设置了障碍，迫使新进入者不得不面临两难选择：要么一开始就承担大规模生产带来的高成本投入风险，要么以小规模生产接受产品成本的劣势。

2.品牌忠诚度

由于行业内现有企业在本行业内经营的时间较长，已经形成被市场认可的特色，如在企业形象、产品信誉、用户忠诚度等方面建立起的优势。新进入者要想树立起品牌形象并取得用户的信任，就要付出相当大的代价，这种代价可能伴随着亏损的风险。产品的购买者往往忠于一定的既有品牌，如在美国，消费者对牙膏、蛋黄酱、香烟的品牌忠诚度分别为61%、65%、71%。要使客户消除他们对原有品牌的忠诚，新进入者需要通过广告增加用户对其品牌的认知，给予购买者一定的价格折让或者提供额外的质量和服务。不管采用哪种方式，都意味着新进入者的利润率比较低，甚至可能亏损。

3.资本需求

如果成功进入本行业需要投入大量的资金，那么这种资本需求就形成一种进入障碍。某一行业对资本的需求越大，其进入门槛就越高。当然，这种资本需求不仅仅是指生产产品所需要的资金，还包括研发、广告及促销等方面所需要的大量投资，这些对新进入者同样是一种进入障碍。

4.转换成本

购买者是否接受新进入者提供的产品不仅与产品的价格、质量和功能有关，而且与转换成本有关。转换成本是指购买者从原供应者处购买产品转换到另一个供应者时需要支付的一次性成本，它包括雇员再培训的成本、新的辅助设备成本、检验考核新产品所需的时间及费用、产品重新设计的费用等。新进入者必须尽量降低产品成本或提高产品的附加值，以弥补购买者因转换成本过高而受到的损失。因此，购买者的转换成本越高，新进入者进入现有行业的障碍也就越大。

5.分销渠道

一般来说，由于市场分销能力有限，原有的分销商一般是为现有的企业服务，往往不愿意接受新厂家的产品。新加入者要想其产品进入市场，就必须通过让利、合作、广告补贴等方式让原有的分销商接受其产品，或者建立全新的分销网络，但这样会减少新进入企业的利润，加大进入难度。

6.现有企业具有的特殊优势

现有企业可能拥有新进入者不可企及的特有优势，如专有技术、可靠而便宜的原材料来源、区位优势、经营经验等。

7.政府的政策

政府通过制定有关的政策、法规对某些行业实行限制进入，构成了特殊的进入障碍，如有线电视、通信、电气设施、医疗设备、铁路等。实际上，政府颁布的法律法规，以及各种安全管理标准都是进入障碍，因为在满足这些法规和标准的要求时需要增加大量投资成本。

除了以上进入市场的障碍,新进入者的威胁大小还受到该行业内现有企业反应程度的影响。现有企业一般不会欢迎新进入者,新进入者在进入该行业前,应预想到现有企业采取抵抗行为的可能性和强度。现有企业采取抵抗行为的可能性和强度取决于企业的财力状况、固定资产规模、行业增长速度,以及该行业的成熟度等。如果新进入者对现有企业的核心利益造成明显损害,而现有企业又拥有相当充裕的资源,那么现有企业极有可能对新进入者作出强烈反应,新进入者的进入就极有可能被遏制。

（二）行业内现有竞争对手的竞争

行业内现有竞争对手的竞争往往是五种竞争力量中最重要的一种,不仅决定了它们各自的市场地位,而且直接影响行业的获利能力。在大多数行业中,企业之间是相互依存的,企业实际上是在众多竞争对手的包围和制约下从事自己的经营活动。对于行业内每一个企业的竞争行动,其他竞争者都会预想它对自己的影响,从而采取相应的反竞争行为。如果行业内竞争的核心是价格,在某些情况下就会爆发价格战,致使产品的价格低于单位成本,从而导致绝大多数竞争者亏损。如果行业内价格竞争很弱,竞争的核心就可能表现在产品特色、新产品革新、产品质量、售后服务、品牌形象等方面。

影响行业内现有企业间竞争强度的因素主要有以下几个。

1.竞争者数量及力量对比

在行业市场容量一定的情况下,当行业内的竞争者数量众多,而且在规模和能力方面比较均衡时,在共同的行业规律支配下,各企业在争夺市场所能支配的资源量、可能采取的竞争方式,以及企业对市场的影响力等方面都是相近的,此时的行业竞争往往比较激烈。例如,我国20世纪末期的家电行业,众多实力相当的企业使这一行业的竞争空前激烈。而当一个行业的一个或几个企业占据市场统治地位时,则可能在行业内建立某种秩序,竞争会相对缓和。

2.行业增长速度

当行业增长缓慢时,各企业为了寻求发展,被迫采取各种方法来争夺市场占有率。在这种情况下,往往容易爆发价格战、促销战。而在行业快速增长时,企业一般只需要保持与行业同步增长就可以获得良好收益。很显然,行业快速增长意味着总体市场容量的扩大,甚至出现供不应求的状况,这时,企业不需要靠夺取竞争对手的市场份额来获取收益,竞争自然趋于缓和。

3.产品或服务的差异化程度

当行业内众多企业向顾客提供的产品或服务的差异较小时,顾客可能会随机选择一家的产品或服务来代替另一家,这样就会刺激企业之间互相降低价格以争取顾客。如果现有企业凭借产品特色、售后服务、企业形象等优势形成了差异化较为明显的产品,价格竞争就不会那么激烈。

4.固定成本或库存成本

当一个行业固定成本较高时,所有企业的压力都会很大,企业将进一步提高生产能力以降低单位产品的固定成本,这样,生产能力急剧膨胀,直至过剩,往往会导致产品价格迅速下跌,从而激化竞争。此外,产品的库存成本对行业的竞争强度也有类似影响。某些行业的产品一旦生产出来,很难储存或库存费用很高。在这种情况下,企业为了尽快销售,容易采取降价的方式。

5.退出障碍

退出障碍是指阻碍那些投资收益低甚至亏损的企业离开所在行业的因素。主要包括以下几种。

（1）资产专业性

企业在特定的经营业务或地理位置上拥有的高度专业化的资产,但其清算价值低或转换成本高。

（2）退出的固定成本

这种退出成本包括解除劳动合同后所需的重新安置费用,以及已售出产品的售后服务等。

（3）战略的协同关系

维持企业内的某一经营单位与其他经营单位之间的良好协同关系,是企业战略的重要内容。如果其中某一经营单位退出其所在的行业,就会破坏原有的协同关系。

（4）感情方面的障碍

企业在制定退出决策时,还会受到管理人员对具体经营业务的认识水平、员工的忠诚度,以及员工对个人职业生涯的担心等感情因素的影响。

（5）政府和社会的约束

政府考虑到失业问题,或对地区经济的影响,有时会出面反对或劝阻企业退出所在行业。

当退出障碍较大时,那些经营不善的企业仍继续在该行业中竞争,会使行业的竞争加剧。

6.竞争者的多样性

竞争者的多样性表现在战略、起源、文化等方面。多样性的竞争者有不同的竞争目标与竞争战略，很难准确了解对方的意图，也很难在行业的一系列竞赛规则上取得一致意见，竞争手段往往表现出多样性。例如，在20世纪60年代，日本丰田公司为改变美国消费者"日本制造质量差"的刻板印象，投入大量人力和资金进行市场推广。在这种情况下，这类企业的目标具有扩张性，并包含牺牲短期获利能力的潜在愿望。

（三）替代品的威胁

替代品是指那些具有与本行业产品相同或功能相似的其他新产品。例如，可乐的包装有玻璃瓶装、铝罐装，还有塑料瓶装，三种包装产品都能实现盛装可乐的功能。正是由于不同包装材料的这种替代功能，做玻璃瓶的企业会受到铝业和塑料业的威胁。

向市场提供任何一种产品的企业都会在不同程度上受到替代品的威胁。这种威胁可能是直接的，也可能是间接的，它主要表现在替代品对企业产品价格的限制上。

替代品的威胁大小取决于三个方面的因素。

1.价值/价格比

替代品是否产生替代效果，关键是看替代品能否提供比现有产品更高的价值/价格比。一个产品的价值/价格比是指其提供给顾客的价值与顾客为它支付的价格之比。如果替代品能够提供比现有产品更高的价值/价格比，那么这种替代品就会对现有产品构成巨大威胁。因此，替代品会给行业中的企业定出一个最高限价，超过这一限价，就会出现已有顾客转向替代品的风险。

2.转换成本

决定替代品威胁大小的另一个因素是本行业中的顾客转向替代品的成本。最常见的转换成本有可能的额外支出、可能的设备成本、转换时获得技术帮助的成本等。如果转换成本不高，那么发生替代的可能性就很大。

3.顾客的替代欲望

不同环境的顾客替代欲望是不同的，即使处于同样环境的不同顾客，因其文化、历史、年龄、收入不同，替代欲望也有很大差异，甚至同一顾客的替代欲望也会随市场环境的变化而变化。例如，当一个行业的用户处于激烈竞争的压力下，并正在寻求某种竞争优势时，它可能比一般情况下更乐于采用替代品。

总之，替代品价值越高、价格越低、用户转换成本越低、顾客的替代欲望越强烈，替代品所带来的竞争压力就越大。度量替代品竞争优势的指标有替代品的销售额及销售增长率，替代品厂家生产能力和加强市场渗透的计划等。

（四）供应者议价能力

供应者是向企业及其竞争对手供应各种所需资源的企业或个人。企业生产经营所需的生产要素通常需要从外部获取，这些供应者提供所需资源时要求的价格在相当程度上决定着企业生产成本的高低，从而影响企业的获利水平，进而影响行业的竞争程度。

供应者议价能力主要取决于以下几个因素。

1.供应者的集中程度和本行业的集中程度

如果供应者集中程度较高，即本行业原材料或零配件的供应完全由少数几家企业控制，而本行业的集中程度较差，即集中的少数几家供应者供给本行业中众多分散的企业，则供应者具有较强的议价能力。

2.供应品的可替代程度

如果供应者供应的原材料或零配件的可替代程度低，本行业的企业只能接受供应者的价格和其他条件以维持其生产和经营，则供应者具有较强的议价能力。

3.本行业对供应者的重要性

如果本行业并非供应者的主要客户，或者说本行业所购数量只占供应者很小的销售比例，供应者对本行业没有依赖性，则供应者具有较强的议价能力。

4.供应品对本行业的重要性

如果供应品对本行业的生产制作过程和产品质量有重要影响，或者本行业的企业依赖供应者的技术和培训，则供应者具有较强的议价能力。

5.供应品的差异性和转换成本

如果供应品具有特色并且转换成本很大时，供应者的议价能力就会增强；反之，如果供应品是标准商品，或容易得到替代品，则供应者的议价能力就会减弱。

6.供应者前向一体化的能力

如果供应者有可能前向一体化，就会增强它们对本行业的议价能力。

7.行业内企业后向一体化的可能性

如果本行业的企业有可能后向一体化，自己生产所需原材料或零配件，就会降低他们对供应者的依赖程度，从而减弱供应者对本行业的议价能力。

（五）购买者的议价能力

与供应商一样，购买者也会对行业的盈利能力构成威胁，成为行业中不容忽视的竞争力量。购买者能够强行压低价格，要求更高的产品质量或更多的服务，这样迫使行业中的企业相互竞争，从而极大地影响行业中的企业。

购买者议价能力主要受以下几个因素影响。

1.购买者的集中程度

相较于供应商，购买者的数量小、规模大，或者说购买者的集中程度高，这时购买者比供应商强大。

2.购买者的重要性

当购买者购买产品的数量很大时，可以把他们的购买力当作谈判条件，为降低价格讨价还价。

3.购买者对产品质量的敏感度

如果购买者对企业的产品质量非常敏感，那么购买者一般在价格上不会太计较。

4.产品的标准化程度

如果购买者从企业购买的产品是标准化产品，缺少差别化，购买者就会通过供应企业互相竞争来压低产品价格。

5.替代品的替代程度

若购买者购买的产品有许多可替代的产品，且购买者转向购买其他行业产品的转换成本较低，则将会对本行业形成较大的压力。

6.购买者后向一体化的能力

如果购买者形成可信的后向一体化能力，那么他们会在谈判中处于迫使对方让步的有利地位。

7.购买者了解的信息

购买者充分了解了有关产品的制造过程、成本等方面的信息，甚至了解供应商与其他购买者交易的条件等，就会使他们处于更有利的谈判地位。

行业中的每个企业或多或少都需要应对以上五种竞争力量构成的威胁,五力模型深入、透彻地阐述了某一给定市场的竞争模式。一般来说,出现下述情况,意味着行业中现有企业之间将竞争加剧,行业将缺乏吸引力,这些情况包括:行业进入障碍较小,从而每一个新进入者都可以获得一个市场立足点;行业内实力相当的竞争对手较多,竞争参与者范围广泛;产品需求增长缓慢,替代品的竞争很激烈;供应商和购买者具有相当的谈判优势。

尽管行业的经济结构对行业的竞争强度和获利能力具有决定性影响,但企业通过对行业竞争状态的分析,挖掘竞争压力的来源,认清其相对于行业经济结构的关键强项和弱项,从而制定能对这五种竞争力量施加影响的战略,使其向有利于本企业的方向变化。如果企业能通过这五种力量来影响所在行业的竞争优势,那它就能从根本上改善或削弱行业吸引力,从而改变本行业的竞争规则。

三、行业内的战略群体分析

战略群体是指一个行业内执行同样或相似战略,并具有类似战略特征或地位的一组企业。如果行业中各个企业的战略基本一致,市场地位相称,那么该行业就只有一个战略群体;相反,如果行业中的竞争企业所实施的竞争战略互不相同,而且在市场上的竞争地位也有很大的差别,那么,该行业有多少家企业就有多少个战略群体。通常情况下,行业中只有少数战略群体。

在同一战略群体内,企业在生产规模和营销能力等方面可能有所不同,但它们的性质相同,处于相同的竞争地位,因而对环境变化的反应会有相同之处。行业内的战略群体分析,是根据行业内各企业战略地位的差别,将企业划分成不同的战略群体,并分析各群体间的相互关系以及群体内企业间的关系,从而进一步认识行业及其竞争状况。

(一)战略群体的划分

波特对于战略群体进行了细致而有效的划分,他认为可以通过以下特征来划分战略群体:产品或服务的差异化程度,各地区交叉的程度,细分市场的数目,所使用的分销渠道,品牌的数量,营销的力度(如广告覆盖面、销售人员的数目等),纵向一体化的程度,产品的服务质量,技术领先程度(是技术领先者而不是技术追随者),研究开发能力（生产过程或产品的革新程度），成本定位（为降低成本所作的投资大小等），能力的利用率，价格水平，装备水平，所有者结构，与政府、金融界等外部利益相关者的关系，组织的规模。

为清楚地识别不同的战略群体，通常可以在上述特征中选择两项有代表性的特征，绘制二维坐标图。按选定的两个特征把行业内的企业分别列到这个坐标图内，再把大致在相同战略空间的企业归为同一个战略群体，最后给每个战略群体画一个圆，使其半径与各个战略群体占整个行业销售收入的份额成正比，这样就绘制出了一张战略群体分析图。

在进行战略群体划分时，在特征变量的选取上应注意以下问题：①选取的两个变量不能具有强相关性；②变量应能体现各企业所定位的竞争目的之间有较大差异；③可采取多选取变量的方式，从不同角度绘制出多个战略群体分析图，从不同角度反映行业中竞争者地位的相互关系。

（二）战略群体分析的意义

战略群体分析有助于对行业进行分析，可以帮助企业确定环境的机会和威胁。一般来说，在同一战略群体中的企业是最直接的竞争对手，而在战略群体分析图中相距越远的两个企业相互间的竞争也就越弱。同一战略群体内的企业虽然采用相同的战略，但各企业在实施战略的能力上会有差别，能力强的企业会形成竞争优势。

对于每一种竞争力量而言，不同的战略群体处境不同，即各个战略群体之间往往存在经济效益的差别。因为各个战略群体内部的竞争程度不同，各个群体所服务市场的增长率不同，驱动因素和竞争力量对各个群体的影响也不相同。

如果企业发现另一个战略群体的竞争形势更有利，就存在由这个群体向另一个群体转移的可能。但这种机会将存在较大的机会成本，主要原因是在群体之间的转移存在转移壁垒。转移壁垒是限制企业在一个行业内的不同群体之间转移的因素，这些因素包含进入障碍和退出障碍。

例如，在我国的数码电子行业中，生产大众化产品的利润率较低，而大规模研究和开发高端产品的利润率较高。但是，高端产品的研究开发成本较高，一般企业很难进入开发高端产品的战略群体。转移壁垒的高低可以衡量一个特定群体的企业受到其他群体企业进入威胁的大小。如果转移壁垒不高，其他群体企业进入该群体的威胁就较大，这将在很大程度上限制群体内企业的价格和利润；如果进入壁垒较高，这种进入威胁就较小，在这个特定群体中的企业就有机会提高价格，获取更多的利润。

四、行业中的主要竞争对手分析

竞争对手是企业经营行为最直接的影响者和被影响者，这种直接的互动关系决定了主要竞争对手分析在行业环境分析中的重要性。主要竞争对手是指那些对企业现有市场地位构成直接威胁或对企业目标市场地位构成主要挑战的竞争者。主要竞争对手分析能帮助企业了解主要竞争对手的经营现状和动态，掌握主要竞争对手可能采取的战略行动及其实质，为企业战略调整提供重要支撑。

（一）主要竞争对手的识别

识别谁是行业内的主要竞争对手，在集中度较高的行业相对简单，比如我国现阶段的通信行业，在全行业参与竞争的企业主要有中国移动、中国联通和中国电信，对于其中任一家企业而言，另外两家就是主要竞争对手。而在集中度较低的行业，比如我国目前较发达城市的餐饮业，餐饮企业数量非常多，识别主要竞争对手就存在一定难度，需要相应的研究成本。识别主要竞争对手一般可从辨别同一目标消费群的争夺强度着手，针对不同消费群体的企业实际上很难对本企业构成直接威胁。

壁垒较高行业的企业在识别主要竞争对手的过程中可以着重考虑现有行业内的企业，而壁垒较低行业的企业在考虑当前竞争对手的同时，还要注意下列潜在竞争对手：可以轻易克服进入壁垒的企业；进入本行业后可产生明显协同效应的企业；战略的延伸导致进入本行业的企业；可能通过一体化进入行业的客户或供应商；可能通过并购而快速成长的企业等。

识别主要竞争对手要进行有效的竞争情报收集和分析。竞争情报根据其载体形式可分为印刷型信息、数字化信息、口头信息和实物信息四种基本类型，竞争信息的来源包括报刊、行业协会出版物、产业研究报告、政府文件、产品样本手册、信用调查报告、企业招聘广告、企业内部人员，以及内部信息系统、经销商、供应商、行业会议、展览会、客户、专业调查咨询机构等。

（二）主要竞争对手的分析

主要竞争对手的分析包括主要竞争者的未来目标、假设、现行战略和能力四个因素。能力因素影响主要竞争对手的行动能力和处理行业事件的能力，其他三个因素影响主要竞争对手反击的可能性、时间、性质和强烈程度。大部分企业至少对于他们对手的现行战略、能力有一定的直观感受，即能够大致了解竞争对手在做什么和能够做什么；而对竞争对手的未来目标和战略假设知之甚少，因为对这两个因素的观察要比对竞争对手的实际行为的观察难得多，但这却是确定竞争对手将来行动的主要因素。

1.竞争对手的未来目标

除分析竞争对手的财务目标外，还要重点分析其社会责任、环境保护、技术领先等非财务方面的目标设定。通过对竞争对手未来目标的分析，了解每位竞争对手对其目前的市场地位和财务状况的满意度，推断竞争者的未来发展趋势和可能采取的行动，从而能针对主要竞争者可能采取的战略行动作出及时有效的回应。了解竞争对手的目标也有助于预测竞争对手对企业战略决策的反应，帮助企业避免那些会导致自身与竞争对手发生激烈对抗的战略行动。可以通过各种公开资料获得竞争对手的公开战略目标，如上市公司的公告等。对于竞争对手未公开的目标，以及各种目标的权重，可以通过以下信息了解其目标体系：竞争对手的使命、愿景和价值观，对风险的态度，组织结构，关键绩效，激励机制，领导层的构成，成本费用结构等。

2.竞争对手的战略假设

竞争对手的目标是建立在其对环境和对自身的认识之上的，这些认识就是竞争对手的假设。竞争对手的战略假设有两类：一是竞争对手对自身力量、市场地位、发展前景等的假设，即竞争对手自我的假设；二是竞争对手对自身所在行业及行业内其他企业的假设，如竞争对手对行业竞争强度、主要行业威胁、行业发展前景、行业潜在获利能力等的认识和判断。

竞争对手的战略假设主要受下列因素影响：企业的历史和文化，企业领导者的背景，在市场上成功或失败的经验，行业的惯性思维等。对竞争对手假设的分析可以从以下信息中获得：竞争对手的公开言论，领导层和销售队伍的宣称或暗示，价值观和准则，对竞争者的态度和现行战略等。

分析竞争对手对自身和行业的假设，可以很清楚地了解竞争对手当前的战略，进而推断它可能采取的战略行动，以及它对行业未来发展前景的预测。竞争对手对自身和对行业的假设有的是正确的，有的是不正确的，掌握这些假设，可以从中找到发展的契机，从而使本企业在竞争中处于有利地位。

3.竞争对手的现行战略

对竞争对手现行战略进行分析的重点是通过分析竞争对手支持自身既定战略目标所采取的重大政策和相关举措，预计现行战略的实施效果及其对本企业的影响。另外，还应分析竞争对手继续实施现行战略或改变现行战略的可能性。对当前业绩及前景较满意的企业可能会继续实施现行战略，当然，也可能做一些调整。但是，业绩很差的竞争对手一般会采用新的战略。

4.竞争对手的能力

最后，要评估竞争对手的能力，判别它在各项能力上的优势与弱点。竞争对手的能力包括产品能力、分销能力、生产能力、研发能力、财务实力、管理能力、适应变化的能力等。

五、成功关键因素分析

成功关键因素是指影响行业中企业在市场上具有盈利能力的主要因素，如产品性能、竞争力、能力、市场表现等。从性质上说，成功关键因素是企业在特定行业或特定时期内获得竞争和财务上的成功所必须具备的能力或条件。这些关键因素一般有 3～5 个。进行成功关键因素分析的目的是识别企业所在行业的关键因素并预测行业发展趋势，以便企业制定与这些因素相匹配的战略，并集中企业内部资源投入到这些因素中去，从而形成竞争优势。

常见的行业成功关键因素主要有以下几类。

技术类行业（如制药、空间探测及一些高科技行业）的成功关键因素有科研专家、工艺创新能力、产品创新能力、既定技术的专有能力，以及互联网技术的运用能力。

制造类行业（如大型机械制造、汽车制造等高固定成本行业）的成功关键因素有低成本生产（获得规模经济，实现经验曲线效应）、固定资产最高能力利用率、能够获得有足够技能的劳动力、低成本的产品设计、低成本的工厂场地，以及能够灵活地生产系列产品，满足顾客的需求。

分销类行业（如品牌的全国或区域代理商）的成功关键因素有强大的批发分销商或

特约经销商网络、企业可控的零售点、拥有企业自己的分销渠道和销售网点、低分销成本，以及商品配送速度快。

销售类行业（如国美、苏宁等销售商）的成功关键因素有快速准确的技术支持、良好的顾客服务、客户订单的有效处理、产品线和可供选择的产品宽泛、较强的商品销售技能、有吸引力的产品外观或包装、产品的保修和保险（对于网上邮购以及新推出的产品来说尤为重要），以及高效的广告宣传。

技能类行业（如时装、会计、投资等专业型企业）的成功关键因素有专业技术员工、质量管理诀窍、设计或策划专家、在具体技术上的专有技能、能够开发出创造性的产品和取得创造性的产品改进及快速商业化能力、组织能力、卓越的信息系统、快速的市场反应能力、电子商务能力，以及拥有比较多的经验和诀窍。

以上是从行业的横向划分来分析行业成功关键因素，从行业纵向的生命周期来看，成功关键因素也会因行业驱动因素和竞争环境的变化等演变。在每个不同阶段，企业在行业内获得成功所需要的关键因素是不同的，往往会随着行业的结构和特征而改变。

第五章　企业总体战略

第一节　发展型战略

发展型战略是指企业尽可能地利用外部环境的机会，避开威胁，充分发掘企业内部的资源潜力，以求得企业长足发展的战略。具体地讲，发展型战略是一种使企业在现有战略基础水平上向更高一级的目标发展的战略。它以发展作为自己的核心内容，引导企业不断地开发新产品、开拓新市场，采用新的生产方式和管理方式，以便扩大企业的产销规模，提高企业的竞争地位，增强企业的竞争实力。

发展型战略适用于在产品、技术、市场上占有较大优势的企业。实施发展型战略，一方面会改善企业的经营状况，扩大企业的市场范围，能动地改造市场战略环境，与处于同样环境的其他企业相比而言，销售收入和利润的增长都快得多。这样一来，企业可以通过发展提升自身的价值，获取新的成长机会，避免企业组织的老化，使企业充满生机和活力。但另一方面，发展战略也可能为企业带来风险。在发展型战略获得初期效果之后，很可能导致企业盲目地发展或为发展而发展，从而破坏企业的资源平衡。另外，过快的发展会造成企业新增机构、设备、人员协调性差，进而降低企业的综合经营能力，引发内部危机。当企业的资源和能力尚不足以支撑企业的发展时，采用发展型战略的风险将更大，一不小心"馅饼"就会变成"陷阱"。因此，企业必须对自身生存和发展有清晰的远景规划和明确的成长目标。

一般来说，发展型战略包括密集型发展战略、一体化战略和多元化战略。

一、密集型发展战略

（一）密集型发展战略的概念

密集型发展战略也称加强型战略，是指企业在原有生产范围内充分利用产品和市场方面的潜力，以快于过去的增长速度求得成长与发展的战略。该战略有时也称集约型发展战略。在由市场（市场渗透、市场开发）和产品（多元化经营、产品开发）构成的安索夫矩阵中，密集型发展战略与其中的三个要素（市场渗透、市场开发和产品开发）相关。

采取密集型发展战略的企业将全部或绝大部分的资源集中在最能代表自己优势的某一项业务或产品上，力求取得在该业务或产品上的最优业绩。例如，美国沃尔玛公司、可口可乐公司、麦当劳公司等企业，都是在一项业务上经营并获得成功的著名企业。

一般而言，企业采用密集型发展战略往往是出于以下战略考虑：①企业应该取得比别的同类企业，尤其是比主要竞争对手更快的增长速度，以获得相对的竞争优势；②企业的发展速度应比整个市场需求的增长更快，在市场需求增长趋于停顿之前，企业应占有比其他同类企业更大的市场份额；③企业应该取得高于社会平均值的利润率；④企业应该不受传统的经营领域的束缚，不应该陷入无休止的同类企业、同类产品之间的价格竞争中；⑤企业的增长应该立足于产品的更新、市场的开拓和技术的创新，以求得超常发展；⑥企业的增长不应该仅限于被动适应外部环境的变化，而是应该通过创新，主动地引导外部环境的变化，诱导市场需求，引领时代潮流。

（二）密集型发展战略的类型

可供企业选择的密集型发展战略一般有以下三种类型。

1.市场渗透战略

市场渗透战略是企业在市场营销方面付出更大努力，提高现有产品或服务在现有市场上的份额，扩大产销量及生产经营规模，从而提高销售收入和盈利水平的战略。

（1）市场渗透战略的适用条件

这一战略被广泛地应用，下列五种情况尤其适合应用市场渗透战略。

第一，当企业的产品或服务在当前的市场中还未达到饱和时，企业采取市场渗透战略就会具有潜力。

第二，当现有消费者对产品的使用率还可显著提高时，企业可以通过营销手段进一步提高产品的市场占有率。

第三，在整个行业的销售额增长时，企业竞争对手的市场份额会呈下降趋势。采用市场渗透战略，企业就可增加市场份额。

第四，企业在进行产品营销时，随着营销力度的增加，其销售额呈上升趋势，二者高度相关，能够保证市场渗透战略的有效性。如果营销的收入并不能带来销售额的增加，采取这一战略就很难达到预期效果。

第五，企业通过市场渗透战略获得更多的市场份额，从而扩大销售规模。当销售规模扩大能够给企业带来显著的市场优势时，渗透战略才是有效的。否则，该战略就是失败的。

（2）市场渗透战略的应用途径

应用市场渗透战略谋求企业的发展，必须系统地考虑市场、产品和营销组合策略。一般说来，企业要增加其现有产品在现有市场上的销售量，可从影响销售量的因素着手。

第一，增加现有产品的使用人数。

①转变非使用者。企业可以通过有效的方式将非使用者转变为本企业产品的使用者。例如，通过宣传全民补钙，把奶制品消费者从儿童扩大到各个年龄段的人，使过去不爱喝牛奶的消费群体养成每天主动喝牛奶的习惯。

②努力挖掘潜在顾客。企业通过各种营销手段把产品卖给对现有产品有潜在需求，但由于各种原因未实现购买的顾客。例如，许多饭店采用的电话订餐、送饭上门的服务就是挖掘潜在顾客的重要手段。

③吸引竞争对手的顾客。企业可通过提升质量、降低成本，以及采用广告战、价格战、增加促销力度等方法，使竞争对手的客户购买本企业的产品。例如，国内公司生产的非常可乐就明显地在争夺可口可乐、百事可乐的消费者。

第二，增加现有产品的使用量。

①增加使用次数。企业可以通过强有力的营销活动，使顾客更频繁地使用本企业的产品。例如，牙刷生产企业从健康的角度宣传消费者应该经常更换牙刷。

②增加使用量。企业可以通过大量的宣传和说服工作，使用户在每次使用时增加对本企业产品的使用量。例如，日化企业可以在其洗发产品说明中提示，使用产品的次数增加，头发会更飘逸、柔软，也更有利于保护头发等。

③增加产品的新用途。企业可以发掘现有产品的各种新用途，一方面，产品附带的新用途会增加产品的使用人数；另一方面，会使现有产品的使用量增加。例如，人们为制作降落伞而发明了尼龙，后来发现尼龙还可以做成服装，也可以在轮胎生产中使用，从而大大增加了它的销售量。

2.市场开发战略

市场开发战略是由现有产品和新市场组合而产生的战略，是发展现有产品的新顾客群或新的地域市场从而扩大产品销售量的战略。它比市场渗透战略具有更多的战略机遇，能降低由原有市场饱和带来的风险。

（1）市场开发战略的适用条件

特别适合应取市场开发战略的情况主要有以下几种：在空间上存在未开发或未饱和的市场区域，为企业提供市场发展的空间；企业可以获得新的、可靠的、经济的、高质量的销售渠道；企业必须拥有扩大经营所需的资金、人力和物质资源；企业存在过剩的生产能力；企业的主营业务属于正在迅速全球化的行业。

当然，除满足以上条件外，更重要的一点是企业在目前的经营领域获得了极大成功，有实力进行新市场的开发。

（2）市场开发战略的应用途径

①开发新的区域市场。例如，空调在国内大中型城市已经普及，企业可考虑将其销往农村市场，以扩大销售量，同时还可考虑开辟国外市场。

②在现有销售区域寻找新的细分市场。例如，对于以科研机构、企事业单位为主要客户的计算机企业来说，随着计算机这一产品价格的不断下降，大量应用软件的开发和销售，计算机逐渐成为家庭和个人消费品。这样就存在一个大量的、潜在的产品市场，企业要考虑的就是如何把潜在用户变为现实客户。

③通过增加新的销售渠道开辟新市场。在实践中，任何一个企业的产品都是通过一定的销售渠道把产品送达一定的消费群体的。因此，对企业而言，增加销售渠道就意味扩大了市场范围或开发了一个新市场，就能增加产品的销售量。例如，有的护肤品可以通过药店销售，而不仅仅局限于百货商店；有的企业则建立自己的产品专卖店进行销售。以上这些方法都是通过改变销售渠道，去开拓新的市场。

3.产品开发战略

产品开发战略是由现有市场与企业正准备投入生产的新产品组合而成的战略，即对企业现有市场投放研制的新产品或利用新技术改造现有产品，以此扩大市场占有率和增加销售额的企业发展战略。从某种意义上来说，这一战略属于企业发展战略的核心，因为市场毕竟是难以控制的因素，而产品开发是企业拥有更多自主权的可控因素。

（1）产品开发战略的适用条件

①如果企业拥有成功的或处于成熟阶段的产品，那么此时可吸引老用户试用改进了的新产品，因为老用户对企业现有产品或服务已具有满意的使用经验。

②企业所参与竞争的产业属于快速发展的高新技术产业，对产品进行的各种改进和创新都是有价值的。

③企业在进行产品开发时，提供的新产品要能够保持较高的价值/价格比，这样才能比竞争对手更好地满足顾客的需求。

④企业在高速增长的产业中参与竞争，必须进行产品创新以保持竞争力。

⑤企业拥有非常强的研究与开发能力，能不断进行产品的开发与创新。

（2）实施产品开发战略的主要途径

第一，开发新产品。这是指企业在现有市场上开发出别的企业从未生产和销售过的新产品，以创造新价值。这种新产品可以是与原有产品截然不同的新产品，也可以是与原有产品相关的新产品。例如，生产打印机的企业，利用新技术，发明、生产和销售激光或喷墨打印机，以满足顾客新的、不同的需求。

第二，改进原有产品。这一途径又可以分为质量改进、特点改进和式样改进。

①质量改进。质量改进的目的是增加产品的功能特性，如产品的耐用性、可靠性、速度、口味等。例如，一个企业推出经过改进的电视机，并且用"更好、更强、更快"等语言对新产品进行广告宣传，通常能压倒一些竞争对手。这种战略的有效性主要取决于质量确实能改进，买方相信质量被改进的说法，对质量要求较高的用户有足够的数量。

②特点改进。特点改进的目的是增加产品的新特点，如尺寸、重量、材料、添加物和附件等，增强产品的功能性、安全性、便利性。例如，在洗衣机上添加加热装置，以提高衣服的洗净度。特点改进方式具有以下优点：新特点可为企业建立进步和领先的形象；新特点能被迅速采用或迅速丢弃，因此通常只需花非常少的费用；新特点能够赢得某些细分市场的忠诚；新特点能够给企业带来公众化宣传效果；新特点会给销售人员和分销商带来热情。其主要缺点是很容易被模仿。

③式样改进。式样改进的目的是满足顾客对产品的美学诉求，如汽车制造商定期推出新车型，在很大程度上是式样改进。不断更新包装式样，把包装作为产品的延伸，也

是一种式样改进的方法。式样改进方式的优点是每家企业可以获得一个独特的市场个性，以聚集忠诚的追随者。但是，式样竞争也会存在一些问题：难以预料有多少人会喜欢这种新式样；式样改变通常意味着不再生产老式样产品，企业将承担失去某些喜爱老式样产品顾客的风险。

（三）选择密集型发展战略应注意的问题

密集型发展战略虽然能使企业稳定成长，但随着产业生命周期的推移，这一发展战略总是会有尽头的。而且，密集型发展战略使企业的竞争范围变窄，当产业发展趋势发生变化时，单纯采用这一战略的企业容易受到较大的打击。另外，由于用户、市场、技术不断变化，经营内容单一化会使企业承受极大的环境压力。这些都是企业在实行密集型发展战略时必须重视的问题。

二、一体化战略

一体化战略又称企业整合战略，是指企业有目的地将联系密切的经营活动纳入企业体系中，组成一个统一的经济组织进行全盘控制和调配，以求共同发展的一种战略。在这种战略下，企业充分利用已有的产品、技术、市场等方面的优势，沿着业务经营链条的垂直方向或水平方向，不断地扩大其业务经营的深度和广度，从而达到降低交易费用及其他成本、提高经济效益的目的。

一体化战略主要有两种类型，即纵向一体化战略和横向一体化战略。

（一）纵向一体化战略

纵向一体化战略又叫垂直一体化战略，是指企业将生产与原料供应，或者生产与产品销售联合在一起的战略形式，包括后向一体化战略和前向一体化战略，也就是将经营领域向业务链的上游或下游加以拓展的战略。纵向一体化战略既可以通过企业内部积累实现，也可以通过与其他经营领域的企业实行联合或兼并实现。

1.纵向一体化战略的类型

（1）后向一体化战略

后向一体化战略是指企业以初始生产经营的产品项目为基准，企业生产经营范围的扩展沿其生产经营链条向后延伸，发展企业原来生产经营业务的配套供应项目，即发展企业原有产品生产经营所需的原料、配件、能源及包装服务业务的生产经营。例如，汽车制造公司拥有自己的钢铁厂和橡胶厂，肉类加工企业拥有自己的畜牧场等。后向一体化的目的是确保企业生产经营的稳定与企业发展所必需的生产资源，并通过减少采购成本而降低生产成本，提升产品竞争力。

（2）前向一体化战略

前向一体化战略是指企业以初始生产经营的产品项目为基准，企业生产经营范围的扩展沿其生产经营链条向前延伸，使企业的业务活动更加接近最终用户，即发展原有产品的深加工业务，提高产品的附加值后再出售，或者直接涉足最终产品的分销和零售环节。例如，纺织企业自己进行印染和服装加工，煤炭企业建立火力发电厂向外出售电力。如今，越来越多的制造厂商通过建立网站向用户直销而实现前向一体化。

2.纵向一体化战略的优点

第一，后向一体化战略能使企业对其所需原材料的成本、质量及供应情况进行有效控制，以便降低成本，减少风险，使生产稳定地进行。

第二，前向一体化战略可使企业更有效地控制产品销售和分配渠道，同时更好地了解市场信息和发展趋势，从而增强产品的市场适应性。对于一些生产原材料或半成品的企业，它们的产品（如原油、煤炭、纺织纤维、钢铁等）差异性较小，很难摆脱单一价格竞争的不利局面。而实施前向一体化会使企业在整个价值链中离最终消费者更近，这样一来，其产品形成差异化的机会就越多，产品的附加值就越高，就越有可能给企业带来更多的利润。

第三，企业采用纵向一体化战略，通过建立全国性甚至全球性的市场营销组织机构，以及建造大型的生产厂来获得规模经济效益，从而降低成本，增加利润。

3.纵向一体化战略的风险

纵向一体化战略也存在风险，主要表现在以下三个方面。

第一，企业实施纵向一体化战略而进入新的业务领域时，由于业务生疏，可能导致生产效率下降，而这种低效率又会影响企业原有业务的效率。

第二，企业实施纵向一体化战略的投资额比较大，而且一旦实行了纵向一体化，就会使企业规模变大，要想脱离所属行业就非常困难。此外，由于规模增大，要使企业获得明显的效益，就要大量投资新的业务，这样会造成财务压力。

第三，企业纵向规模的发展，要求企业掌握多方面的技术，从而使得管理复杂化。

此外，后向、前向产品的相互关联和相互牵制，不利于新技术和新产品的开发，会导致企业缺乏活力。

（二）横向一体化战略

横向一体化战略是指企业以适当延长产品线或兼并处于同一生产经营领域的其他企业为其战略发展方向，以促进企业实现更高程度的规模经济，获得迅速发展的一种战略。采用横向一体化发展的结果并不是改变企业原来所属的主业，只是使企业经营的产品及业务增多，市场覆盖面和市场占有率提高，规模扩大，收益增加。

横向一体化战略实现的方式包括：适当延长产品线；通过兼并收购实现横向扩张，获得同行业竞争者的所有权，加强对其控制。当今企业战略管理的一个显著趋势是将横向一体化作为促进企业发展的选择，横向一体化战略在很多产业中已成为最受管理者重视的战略。

1.横向一体化战略的优点

（1）实现规模经济

可通过收购同类企业实现规模扩张，尤其是在规模经济性明显的行业中，可以使企业规模进一步扩大，实现规模经济，从而大大降低成本，获得竞争优势。同时，通过收购还可以获取被收购企业的专利、品牌、销售网络等无形资产。

（2）减少竞争对手

可以减少竞争对手的数量，降低行业内企业相互竞争的程度，为企业的进一步发展营造良好的行业环境。

（3）扩大生产能力

横向一体化是企业生产能力扩大的一种形式，其优势基本来自两个企业现有能力的重新组合，相对简单。因为横向一体化没有偏离企业原有的经营范围和核心技术，更容易掌控。

2.横向一体化战略的风险

（1）管理问题

收购一家企业往往涉及管理上的协调问题。由于母公司和子公司的历史背景、人员组成、业务风格、企业文化、管理体制等方面存在较大差异，因此协调母公司和子公司的各方面工作非常困难。

（2）政府法规限制

横向一体化战略消除了公司之间的竞争，可能会使合并后的企业在行业中处于垄断地位，这对消费者和行业的发展都是极为不利的。因此，滥用横向一体化战略容易受到政府相关部门的反垄断调查。

3.横向一体化战略的适用条件

①企业在不违背反垄断法的前提下准备获取垄断利益。

②企业想通过扩大规模获取竞争优势，某些企业被兼并是由于经营不善或缺乏资源，而不是因为整个行业销售量下降。

③企业在一个成长中的产业进行竞争，只有成长中的产业才能维持规模化经营。

④企业拥有管理更大规模资金和更多人才的能力。

三、多元化战略

多元化战略又称多样化或多角化战略，按照安索夫的定义，多元化战略是企业在新的产品领域和新的市场领域形成发展的态势，即企业同时增加新产品种类和开拓新市场的战略。也就是说，采用这种战略的企业，其发展扩张是在现有产品和业务的基础上增加新的、与原有产品和业务既非同种也不存在上下游关系的产品和业务。这样一来，企业的经营领域就超出了这个行业的范围，而同时在多个行业中谋求自身的发展，有利于规避经营单一业务所带来的风险。

（一）多元化战略的类型

根据不同的划分标准，可把多元化战略分为不同的类别。比较常见的一种分类方法是根据企业现有业务领域和新业务领域之间的关联程度，将多元化战略分为相关多元化战略（包括同心多元化和水平多元化）与非相关多元化战略两种类型。

1.相关多元化战略

相关多元化战略是企业为了追求战略竞争优势，增强或扩展已有的资源、能力而有意识地采用的一种战略。实行这种战略的企业增加与原有业务相关的产品或服务，这些业务在技术、市场、经验、特长等方面相互关联。例如，海尔、长虹等知名家电企业在电视机、冰箱、空调器、洗衣机等家电产品中相互关联。从广义上说，前面讲的纵向一体化也是相关多元化战略的一种形式。

（1）相关多元化战略的优势

相关多元化战略带来的匹配关系能给企业带来优势。战略匹配存在于价值链非常相似或能为公司各方面带来机会的不同经营业务之间，它主要从下面两个方面给企业带来优势。

第一，实现范围经济。范围经济是指由于企业经营范围的扩大而带来的经济。通俗来说，就是联合生产的成本小于单独生产成本。范围经济的存在，本质上在于企业多项业务可以共享企业的资源，如分享技术，对共同的供应商形成更强的讨价还价能力；分享共同的销售力量；共同使用一个知名商标；将竞争性的、有价值的技术秘诀或生产能力从一种业务转移到另一种业务上等。范围经济的范围越大，在更低成本基础上创立竞争优势的潜力就越大。例如，索尼公司作为领先的销售电器公司，采用了技术相关、营销相关的多元化战略进入了电子游戏行业；强生公司的产品包括婴儿产品、医疗用药物、手术和医院用产品、皮肤护理产品、隐形眼镜等。从理论上来讲，范围经济的优势主要来自四个方面。

①技术匹配性。当在不同的业务之间存在分享共同的技术、探求与某种特殊技术相关的最大的经营机遇，或者具有可以将技术秘诀从一种业务转移到另一种业务的潜力时，就存在着技术匹配。

②市场匹配性。当不同业务的价值链活动高度重叠，以至于它们的产品有着相同的顾客，通过共同的中间商和零售商，或者以相似的方式进行营销和促销时，这些业务间就存在着与市场相关的战略匹配。

③运营匹配性。当不同业务在获得原材料、研发活动、生产过程、实施行政支持功能等方面存在合并活动或转移技术、生产能力的机会时，就存在着运营匹配关系。

④管理匹配性。当不同业务单元在行政管理或运作问题的类型方面具有可比性，或一种业务经营中的管理方法能转移到另一业务中时，就存在着管理匹配关系。

第二，增加市场力量。市场力量是指企业对市场的控制力或影响力。当一个企业在多个相互关联的领域经营时，它通常比那些在单一领域经营的企业更有市场力量。例如，一家同时生产电视机、冰箱、洗衣机、空调、微波炉等家电产品的企业，往往比只生产冰箱的企业更有市场力量。

（2）相关多元化战略的类型

一是同心多元化战略。同心多元化战略又称基于核心能力的多元化发展战略。顾名思义，它是指企业的所有多元化领域都是建立在企业的核心能力之上的，以其核心能力为圆心向外辐射，即当企业面对新市场、新顾客时，以其原有的核心能力（设备、技术、特长、经验等）为基础，开发与现有产品或服务不同的新产品或新业务。例如，某制药企业利用原有的制药技术生产护肤美容产品、运动保健产品等。

同心多元化战略的优点在于企业利用了生产技术、原材料、生产设备的相似性，从同一圆心逐渐向外扩展活动领域，没有脱离原来的经营主线，有利于发挥已有优势，风险较小，容易取得成功。当一个企业所在的产业处于上升期时，该战略不失为一种好的选择。这种战略的缺点是生产出来的新产品，在销售渠道、促销宣传等方面与原有产品有所不同，在市场营销的竞争中处于不利地位。

二是水平多元化战略。水平多元化战略是指企业针对现有市场和现有顾客，采用不同的生产技术开发新的、与原业务不相关的产品和服务来满足市场需求的经营战略。例如，一家食品生产企业通过水平多元化战略生产果汁饮料，以两种产品的销售互补来达到降低企业经营费用、提高销售业绩的目的。

水平多元化战略基于原有市场进行变革，因而在开发新产品、提供新服务时可以较好地了解和把握顾客的需求和偏好。但是采用这种战略的企业在产品研发、技术生产等方面进入了全新的、较为陌生的领域，因此经营风险增大，取得成功的难度增加，比较适合原有产品信誉好、市场广且发展潜力大的企业。

（3）相关多元化战略实现方式

第一，进入能够共享销售队伍、广告和销售机构的经营领域。例如，饼干生产者进入方便面食品业。

第二，充分利用已有的原材料资源。例如，生产家具或纸制品的企业开设一个可以利用其木材边角料生产玩具、木雕等其他木制品的公司。

第三，将技术秘诀和专有技能从一种经营业务转移到另一种经营业务。例如，一家成功经营的意大利餐馆并购经营墨西哥食品的连锁店。

第四，将组织的品牌名称和在顾客中建立起的信誉转移到一种新的产品和服务上。例如，耐克公司在运动鞋之外生产的运动服、背包就是利用其已被市场接受的"耐克"商标；雀巢公司在咖啡之外生产柠檬茶也是在利用其"雀巢"商标。

第五，并购非常有助于提升公司目前经营地位的新业务。例如，女性化妆品经营商收购专门经营珠宝或其他女性用品的企业。

2.非相关多元化战略

非相关多元化战略是指企业增加新的、与原有业务不相关的产品或服务的经营战略，又称混合型多元化、复合多元化、跨产业经营战略等，即企业所开拓的新业务与原有的产品、市场都没有相关之处，所需要的生产技术、经营方法、销售渠道等必须重新取得。例如，美国通用电气公司 20 世纪 80 年代收购了美国业主再保险公司和美国无线电公司，从而从单纯的工业生产行业进入金融服务业和电视广播行业。

（1）非相关多元化战略的优势

第一，分散经营风险。这是一种比较传统的观点，即"不把鸡蛋放在一个篮子里"。企业可以通过向不同的行业渗透，或者向不同的市场提供产品与服务，来分散企业的经营风险。与相关多元化战略相比，这是更好地分散经营风险的方法，因为公司的投资可以分散在不同的技术、竞争力量、市场特征和顾客群中。

第二，能够使企业迅速利用各种市场机会，向更有效率的行业转移，以改善企业的整体盈利能力和灵活性。

第三，拓展企业成长空间。由于技术进步的影响，一批以新材料、新能源、新技术、新工艺为特征的新兴产业出现，这既为企业向新的产业领域发展提供了机会，也为企业实行多元化经营战略提供了丰富的物质基础。企业可以通过多元化发展战略，进入高增长、高收益、高附加值的新兴产业，以减轻在现有产品市场上的竞争压力。

（2）非相关多元化战略的劣势

第一，企业资源分散。任何一个企业，哪怕是巨型企业，其所拥有的资源总是有限的。采取多元化发展战略必定导致企业将有限的资源分散于每一个发展的业务领域，从而使每个需要发展的领域都难以获得充足的资源支持，有时甚至无法维持在某一领域的最低投资规模要求和最低维持要求，从而在相应专业化经营的竞争中失去优势。从这个意义上说，多元化战略有时不仅不能规避，还可能加大企业失败的风险。

第二，管理难度加大。由于企业在不同的业务领域经营，不可避免地要面对多种多样的产品与市场，这些产品在生产工艺、技术开发、营销手段上可能不尽相同，这些市场在开发、渗透、扩张等方面也都可能有明显的区别，要管理好它们的难度较大。此外，多元化经营企业内部管理的复杂性还表现在对不同业务单位的业绩评价、集权与分权的界定，以及不同业务单位间的协作等方面。

第三，运营费用增加。当一个原先在单一产业领域运营的企业准备进入另一个或多个产业领域时，必然要增加运营费用，主要包括学习费用、设备与技术的购置费用，以及市场营销方面的费用等。在这种情况下，就会产生一个问题：企业是否有足够的资金来维持运营？特别是当这些新的经营领域暂时还无法提供净现金流量时，是否会对企业的正常经营造成巨大的冲击？因此，企业在选择非相关多元化战略时，要十分谨慎，切忌盲目。大量事实证明，多元化战略决策不当或实施不力，不仅会导致新业务的失败，还可能影响已有业务的发展，甚至不利于整个企业的发展。

（3）非相关多元化战略的适用性

①企业主营产业的销售额和盈利下降；

②企业拥有在新的产业进行成功竞争所需的资金和管理人才；

③企业有机会收购一个不相关但有良好投资机会的企业；

④收购与被收购企业之间已经存在资金的融合；

⑤企业现有产品的市场已经饱和。

由于实行非相关多元化战略的风险比较大，为了规避风险，实行这种战略的企业需要注意以下几点：企业要有足够的实力，慎重选择所扩张的业务，尽量抓住一个主业不放。

（4）非相关多元化战略实现方式

采用非相关多元化战略的企业很少在内部组建新的子公司以进入新的产业，一般通过并购实现增长并转化为增加的股东价值，任何可以并购且具有有利的财务条件和令人满意利润前景的公司都可以作为进入新领域的选择。挑选并购公司要考虑以下因素：其业务是否可以达到公司获利能力和投资回报率的目标；是否需要注入资金以更新固定资产，提供流动资金；是否处于有着重大增长潜力的产业领域；是否可能出现业务整合困难或违反政府有关产品安全环境的规定；这一产业对经济状况恶化或政府政策变动的敏感程度等。

（二）多元化战略的动机与条件

1.多元化战略的动机

企业实施多元化战略的核心是共享资源和分散风险，从而增强企业的战略竞争优势，使企业的整体价值得到提升。不管是相关性多元化战略还是非相关性多元化战略，只要能够让企业增加收入、降低成本，就体现了多元化战略的价值。

具体而言，企业实施此种战略的动因有外在动因和内在动因，每种动因又可进行细分。

（1）企业实行多元化战略的外在动因

市场容量的有限性。当企业参与竞争的产业属于零增长或缓慢增长的产业，或企业现有的产品处于生命周期的衰退期，无法满足企业业务发展的要求时，企业必须寻找需求增长较快的新产品或新市场，从而开展多元化经营。

市场集中程度。这里所说的市场集中程度是一个卖方结构指标。这个指标的计算是先将企业按规模、销售金额等顺序排列，然后合计几个主要企业占行业总体的百分比。市场集中程度高时，整个行业由少数几家大企业控制，企业只有通过降价、增加广告费用、扩大供应能力等方法才能提高增长率。这种方法风险大、成本高。因此，在集中程度高的行业里，企业要想追求较高的增长率和收益率，只有开发新产品、开拓新市场。企业所在行业集中程度越高，越能诱发企业从事多元化经营。

市场需求的多样性和不确定性。当市场需求不确定时，企业经营的产品或服务便会面临极大的风险，其增长率和收益率也会受产品需求动向的左右，这时企业为了分散风险，便要开发新产品，从事多种经营。即使是原来已从事多种经营的企业，当原有产品市场需求变化迅速、难以掌控时，如果新产品或新市场的波动周期可以与原有产品和市场的波动周期进行互补，企业也会积极从事多元化经营，以分散风险。

（2）企业实施多元化战略的内在动因

充分利用剩余资源。企业在日常经营活动中常常积累起未能充分利用的、有形或无形的资源，这时企业可以实施多元化经营来充分发挥这些富余资源的效用，以提高企业的经济效益。

分散投资风险。支持企业采用多元化战略的重要理论基础是投资组合理论，即通过不同业务种类之间、不同业务周期的差别来分散风险。实施多元化战略能使企业的生命周期与产品的生产周期相分离，从而分散企业的投资风险，提高企业的应变能力。

形成内部资本与人力资源的市场效益。实行多元化战略的企业可以在其内部建立资本市场（如内部银行），通过资金在不同业务之间的流动来满足各业务领域的资金需求。同样，也可以通过内部人力资源市场来促进人力流动并节省费用。

2.多元化战略的条件

企业要想成功地实施多元化战略，除具有多元化经营的动机外，还必须具备一些其他条件。

第一，企业应具有核心竞争能力，作为实施多元化战略的必要保证。企业拥有的核心竞争能力是将可能利用的市场机会转化为实际的盈利机会,是多元化战略获得成功的必要保证。企业核心竞争能力是企业长期发展的产物,具有独特性、不可仿制性和可扩展性等特征。核心竞争能力能使企业保持长期稳定的竞争优势和获取稳定的超额利润,核心竞争能力是引导企业获得成功的关键。

第二,企业要具备必要的资源和实力,才能使多元化战略具有可行性。企业要客观估计自己的实力,进行科学论证,从资源潜力、市场占有率、市场适应能力等方面进行考虑,绝不能盲目地推行多元化经营战略。因为企业在多元化发展领域由创始到形成利润增长点需要一段时间,在这期间,企业只有保持足够的资源投入,才能支撑到企业实现利润增长的时候。实力主要包括人、财、物的连续投入能力,技术上的生产、开发能力,市场营销能力,以及扩展新产品、新市场领域的能力。

第三,企业应当具有较高的管理水平。实施多元化经营战略,不仅要有资源优势,还应当有管理优势,后者甚至比前者更为重要。随着企业多元化经营战略的推进和经营规模的扩大,经营管理问题往往成为企业发展的瓶颈。

第四,资本市场和管理者市场是实施多元化经营战略的条件,特别是当企业通过并购进行多元化经营时,就需要资本市场的支持。管理者市场也非常重要,聘请到合适的管理者,常常是进行多元化经营的前提条件。

第五,企业应建立一套多元化投资决策管理体系和程序,使多元化经营决策科学化。

综上所述,多元化的程度是由市场和企业自身所具备的战略性特点(如核心竞争力、各种资源)所决定的,并建立在企业各种资源的优化组合上,需要管理者用正确的动机去推动。动机越强烈,资源的灵活性越好,多元化的程度就越高。为了不使企业盲目地、过度地实行多元化战略,需要有科学的内部决策和监控体制。只有正确的战略决策加上高效的战略实施,才能获得理想的企业经营业绩。

(三)选择多元化战略应注意的问题

1.客观评估企业多元化经营的必要性与能力

企业在采取多元化战略之前,必须客观评估实行多元化经营的必要性,不可盲目进行。尤其是对企业自身能力的评估,不仅要考虑企业现有的资源状况,还要考虑企业是否具有把新业务培育成利润增长点的能力。如果企业不具备这些资源和能力,那么其他业务的预期收益即使再好也不要进入这些新领域。

2.要处理好主导业务和多元化经营之间的关系

主导业务是企业具有竞争优势的业务,是企业利润的主要来源和企业生存的基础。企业应尽可能采取措施来保持和扩大自己的主导业务,挖掘主导业务的发展潜力,扩大其市场占有率,追求经济效益的最大化。在此基础上,企业再兼顾多元化经营,切不可因单纯追求多元化经营而忽视自己的主导业务。世界上许多优秀的企业在选择业务经营领域时,都是在确立了主导业务之后,再以主导业务为基础考虑多元化经营战略的。

3.注意新业务和原业务领域之间的关系

企业在实行多元化经营时,选择新业务应首先考虑是否与原业务领域具有战略关联性,然后选择那些与主导业务及核心能力关系密切的业务。这样可以使企业在不同业务之间分享共同的技术、品牌、设备和管理等资源,依托在主导业务领域建立起来的优势地位和核心能力,以较低的成本和风险建立起新业务的优势地位。

第二节　稳定型战略

稳定型战略是企业在充分分析内外部环境变化的基础上,计划在未来一段时期内基本不改变企业内部原有资源分配和经营风格的战略。

一、采用稳定型战略的原因

企业采用稳定型战略可能有四种原因。一是企业满足于过去所创造的经营业绩,希望保持与过去大致相同的业绩水平。二是当企业外部宏观环境或行业环境恶化,而企业短时期内又找不到进一步发展的机会,企业将采取维持的战略。三是企业不愿承受改变现行战略带来的风险。如果企业采用新的发展战略,企业经营者常会感到对新的产品或新的市场缺乏足够的认识和必要的准备。所以,采用稳定型战略会使其感到更加保险。四是由于企业内部刚上任的高层领导者不太熟悉企业发展水平和发展趋势,如果轻易调整或改变现行战略,就可能给企业带来动荡。所以,企业往往倾向于稳定一段时期,维护既有的产销规模和竞争地位。

二、稳定型战略的类型

稳定型战略是一种内涵型的经营战略，在市场需求及行业结构基本稳定的环境下，在尽量不增加生产要素投入的前提下，企业针对在经营管理各方面存在的问题，调整企业内部结构，挖掘内部潜力，使企业的产品组合、组织结构及其他各项工作都合理化，通过提高技术水平、优化产品工艺来实现企业扩大再生产。

企业稳定型战略主要有以下三种类型。

（一）无变化战略

采用这种战略的企业除了每年按通货膨胀率调整其目标外，其他暂时保持不变。这种战略一般出于两种考虑：一是先前的战略并不存在重大经营问题；二是过去采用的战略确保了企业经营的重大成功。在这两种情况下，企业高层战略管理者认为没有必要调整现行战略，因为他们害怕战略调整后会给企业带来利益调整和资源配置方面的困难。

（二）暂停战略

企业在持续了一个快速发展的时期后，容易出现效率下降、组织功能弱化的问题。战略管理者为了进一步优化内部资源配置，谋求今后更大的发展，可能会采用暂停战略。在暂停战略实施期间，企业可以获得储备内在能量的时间，为以后的更大发展做好准备。例如，两家企业合并后，为了更好地融合两家企业的经营业务，就可能采用暂停战略。

（三）谨慎战略

企业在短期内无法预测所面临的外部经营环境变化趋势，而一旦错误地判断环境变化趋势，实施错误的战略，就会给企业带来重大损失。在此情况下，企业会有意识地放慢战略调整和战略实施的速度，耐心等待环境变化趋势明朗化。这种战略称为谨慎战略。

三、稳定型战略的优缺点

（一）稳定型战略的优点

第一，企业经营风险相对较小。采用稳定型战略的企业基本维持原有的产品和市场范围，利用原有的经营领域、渠道，有效地避免开发新产品和开拓新市场时的激烈竞争，避免了开发失败的巨大风险。

第二，可以提高对外界环境变化的应变能力及抗干扰能力。当外部环境恶化时，企业采用稳定型战略可以保存实力，休养生息，积蓄力量，等待时机，以便为今后的发展做好准备。

第三，避免了战略调整可能给企业内部造成的震荡。稳定型战略不必考虑原有资源存量和增量的重大变化，企业内部员工的职业安全感强，利益相对稳定，实施稳定型战略容易被人们接受。

（二）稳定型战略的缺点

第一，长期采用稳定型战略，企业发展缓慢。当企业外部环境得以改善或企业内部条件较好时，应当实行外延型经营战略。如果企业迟迟不实现从稳定型战略向其他战略的转变，不注重利用机遇扩大规模，那么企业将始终处在较低的发展速度上。

第二，长期采用稳定型战略，容易形成惧怕风险的企业文化。从稳定型战略过渡到其他战略需要打破原来资源分配的平衡，建立新的平衡，这往往需要较长的时间。在稳定型战略实施过程中，企业领导者往往把目光放在企业内部结构的调整上，而容易忽略企业外部环境的变化及随之产生的机遇。长期采用稳定型战略，虽然能够降低企业经营风险，获得积聚能量的机会，但长此以往，企业内部对风险的敏感性、适应性将大大降低，容易形成一种回避风险的企业文化。

第三节 紧缩型战略

当企业处在一种十分险恶的经营环境中，或者由于决策失误等造成经营状况不佳，在采用发展型战略和稳定型战略都无法扭转局势时，企业不得不面对现实，减少经营领域，缩小经营范围，关闭不盈利的工厂，紧缩财务开支。这时就需要采用紧缩型战略。

一、紧缩型战略的概念和特征

（一）紧缩型战略的概念

紧缩型战略又称撤退型战略，是指企业在客观分析了内外部环境变化的基础上，从目前的战略经营领域撤退出来且偏离战略起点较大的一种经营战略。它是企业在一定时期内缩小生产规模或取消某些产品生产的一种战略。与稳定型战略相比，紧缩型战略是一种消极的发展战略。一般来讲，企业实施紧缩型战略只是短期的，其根本目的是使企业先度过困难时期而后转向其他的战略选择。有时，只有采取收缩和撤退的措施，才能抵御竞争对手的进攻，避开环境变化的威胁，迅速实现自身资源的最优配置。可以说，紧缩型战略是一种以退为进的战略。

（二）紧缩型战略的特征

第一，对企业现有的产品和市场领域实行收缩、调整和撤退战略，如放弃某些市场和某些产品线系列，因而企业的规模和效益指标都有明显的下降。

第二，对企业资源的运用采取较为严格的控制，比如只投入最低限度的经营资源。紧缩型战略的实施过程往往会伴随着大量的裁员，还会暂停一些奢侈品和大额资产的购买等。

第三，紧缩型战略具有明显的短期性。与稳定型战略相比，紧缩型战略具有明显的过渡性，其根本目的并不在于长期节约开支、停止发展，而是为今后的发展积蓄力量。

二、紧缩型战略的类型

紧缩型战略也是一个整体战略概念，它一般包括抽资转向战略、调整战略、放弃战略、清算战略。

（一）抽资转向战略

抽资转向战略是指企业在现有的经营领域不能维持原有产销规模和市场的情况下，采取缩小规模和减少市场占有率，或者企业在更好的发展机遇面前，对原有的业务领域进行压缩、控制成本，以改善现金流，为其他业务领域提供资金的一种战略。例如，创立于 1901 年的美国吉列公司减少对电子表的投资，而致力于安全剃须刀的研究与开发，并获得成功。

（二）调整战略

调整战略是指企业试图扭转财务状况欠佳的局面，提高运营效率，而对企业组织结构、管理体制，以及产品和市场、人员和资源等进行调整，使企业度过危机，以便将来有机会再图发展的一种战略。企业财务状况下滑的主要原因可能是工资和原材料成本上涨，暂时的需求下降或经济衰退，竞争压力增大，管理出现问题等。

实施调整战略可采用的措施有以下四种。

1.调整企业组织

这包括改变企业的关键领导人，在组织内部重新分配责任和权力等。调整企业组织的目的是使管理人员适应变化了的环境。

2.降低成本和投资

这包括压缩日常开支，实施更严格的预算管理，减少一些长期投资的项目等，也可以适当减少某些管理部门或降低管理费用。在必要的时候，企业也会以裁员作为压缩成本的方法。

3.减少资产

这包括出售与企业基本生产活动关系不大的土地、建筑物和设备；关闭一些工厂或生产线；出售某些在用的资产，再以租用的方式获得使用权；出售一些盈利的产品，以获得继续使用的资金。

4.加速回收企业资产

这包括压缩应收账款的回收期，派出讨债人员收回应收账款，降低企业的存货量，尽量出售企业的库存产品等。

（三）放弃战略

放弃战略是指转让、出卖或停止经营企业的一个或几个战略经营单位、一条生产线，或者一个事业部，将资源集中于其他有发展前途的经营领域，或保存企业实力、寻求更大的发展机遇。这是在企业采取抽资转向战略和调整战略均无效时采取的一种紧缩战略。实施放弃战略对任何企业的管理者来说都是困难的。在放弃战略的实施过程中通常会遇到如下障碍。

1.结构上或经济上的障碍

它是指一个企业的技术特征及其固定资产和流动资本妨碍其退出。

2.企业内部依存关系上的障碍

如果准备放弃的业务与其他业务有较强的联系，则该项业务的放弃会使其他有关业务受到影响。

3.管理上的障碍

企业内部人员，特别是管理人员对放弃战略往往会持反对意见。一方面，这通常会威胁到他们的职业和业绩考核；另一方面，放弃对管理者来说是一种打击，而且放弃行为在外界看来是失败的象征。这些阻力可以采用以下的办法来克服：在高层管理者中，形成"考虑放弃战略"的氛围；改进工资奖金制度，使之不与放弃战略相冲突；妥善处理管理者的出路问题等。

（四）清算战略

清算战略是指企业受到全面威胁、濒临破产时，为了减少股东的损失，将企业的资产转让、出卖而终止企业全部经营活动的一种战略，它分为自动清算和强制清算。显然，对任何一个企业的管理者来说，清算都是他们最不愿意作出的选择，通常只是在其他战略都失效时才考虑采用。

在确实毫无希望的情况下，企业应尽早制定清算战略，这样可以有计划地逐步降低企业股票的市场价值，尽可能多地收回企业资产，从而减少全体股东的损失。因此，在特定的情况下，及时进行清算比顽固地坚持经营要明智得多。

三、紧缩型战略的适用条件及其优劣势

（一）紧缩型战略的适用条件

1.外部环境发生变化

外部环境发生变化，如宏观经济紧缩，行业进入衰退期，造成市场需求缩小、资源紧缺，致使企业在现有的经营领域中处于不利地位，财务状况不佳，企业为了避开环境变化的威胁，克服经济困境，以求发展，通常会采用紧缩型战略。

2.企业出现经营失误

由于企业经营失误，如战略决策失误、产品开发失败、内部管理不善等，企业竞争地位下降，财务状况恶化。这时只有采取紧缩型战略才有可能最大限度地保存企业实力。

3.利用有利机会

因为在经营中出现了更加有利的机会，企业要谋求更好的发展，需要集中并更有效地利用现有的资源和条件。为此，要放弃那些不能带来满意利润、发展前景不够理想的经营领域，这是一种以长远发展目标为出发点的积极的紧缩型战略。

（二）紧缩型战略的优劣势

1.紧缩型战略的优势

第一，能帮助企业在外部环境恶劣的情况下，降低开支，增加收益，改善财务状况，顺利地度过所面临的不利处境。

第二，能在企业经营不善的情况下最大限度地降低损失，更加有效地配置资源，提高经营效率，在不断适应市场变化的同时，获得新的发展机会。

第三，能帮助企业更好地实现资产的最优组合。如果不采用紧缩型战略，企业在面临一个新的机遇时，只能运用现有的剩余资源进行投资，这样做势必会影响企业在这一领域的发展前景。相反，采取适当的紧缩型战略，企业往往可以转移一部分资源到某一发展点上，从而实现企业长远利益的最大化。

2.紧缩型战略的劣势

第一，实行紧缩型战略的尺度较难把握，因而如果盲目地采用紧缩型战略的话，可能会扼杀具有发展前途的业务和市场，使企业的总体利益受到损害。

第二，一般来说，实施紧缩型战略会引起员工的不满，导致员工情绪低落。因为实施紧缩型战略常常需要对员工进行调整，如裁减人员、降低薪酬等，处理不好会影响员工士气，不利于企业扭转不利局面。

第四节　企业并购

企业并购是企业实施总体战略时必须充分运用的战略手段。无论采用哪种总体战略，都会涉及企业的战略进入问题，而企业并购为企业的有效"进入"提供了战略手段。同时，企业并购也是企业进行资本运作的重要战略方式。

一、企业并购的概念

所谓企业并购，准确地讲，是企业合并与企业收购的合称。企业合并通常指在市场机制作用下，通过产权交易转移企业所有权的方式，将一个或多个企业的全部或部分产权转归另一个企业所有。企业合并有两种类型，一是吸收合并，即兼并，指两个或两个以上公司的合并，其中一个公司因吸收（兼并）了其他公司而成为存续公司的合并形式。在兼并中，存续公司仍然保持原有公司的名称，有权获得其他被吸收公司的资产和债权，同时承担其债务，被吸收公司从此不复存在。二是新设合并，又称联合，指两个或两个以上公司通过合并同时消亡，并在此基础上形成一个新的公司。新设公司接管原来几个公司的全部资产、业务和债务，新组建董事会和管理机构。

企业收购则是单指一个企业经由收买股票或股份等方式，取得另一个或多个企业的控制权或管理权。由于这两者都是企业产权交易，动因极为相近，运作方式也难以区分，所以通常将合并与收购结合在一起研究，合称为并购。企业并购是一种企业产权的交易行为，通过产权交易，达到增强企业竞争优势、实现企业战略目标的目的。

二、企业并购的类型

企业并购有多种类型，从不同的角度有不同的分类方法，下面从并购双方所处行业情况、并购动机、并购支付方式进行分类。

（一）从并购双方所处行业情况划分

从并购双方所处的行业情况看，企业并购可以分为横向并购、纵向并购和混合并购。

1.横向并购

横向并购是指处于相同行业、生产同类产品或生产工艺相近的企业之间的并购。这种并购实质上是资本在同一产业和部门内集中，有利于迅速扩大生产规模，提高市场份额，增强企业的竞争能力和盈利能力。

2.纵向并购

纵向并购是指生产或经营过程相互衔接、紧密联系的企业之间的并购。其实质是通过处于生产同一产品不同阶段的企业之间的并购，实现纵向一体化。纵向并购除可以扩大生产规模、节约共同费用外，还可以优化生产过程中各个环节的配合，缩短生产周期，节省运输、仓储资源。纵向并购的目的是提高生产流程的效率，变联合前的成本中心为利润中心。

3.混合并购

混合并购是指处于不同行业、在经营上无密切联系的企业之间的并购，比如一家生产家用电器的企业兼并一家旅行社。混合并购的目的是实现投资多元化，减少行业不景气可能带来的经营风险，扩大企业经营规模。

（二）按并购动机划分

从企业并购的动机划分，有善意并购和恶意并购两种。

1.善意并购

收购公司提出收购要约后，目标公司接受收购条件，这种并购称为善意并购。在善意并购下，收购价格、收购方式及收购条件等可以由双方高层管理者协商并经董事会批准。由于双方都有合并的愿望，这种方式成功率较高。

2.恶意并购

如果收购公司提出收购要约后，目标公司不同意，收购公司就在证券市场上强行收购，这种方式称为恶意并购。在恶意并购下，目标公司通常会采用各种措施对收购公司进行抵制，也会迅速在证券市场进行反击，结果通常是目标公司的股价迅速攀升。

（三）按并购支付方式划分

按并购支付方式，可以分为现金收购、股票收购、综合证券收购。

1.现金收购

现金收购是指收购公司向目标公司的股东支付一定数量的现金而获得目标公司的所有权。现金收购在西方国家存在资本所得税的问题，这会增加收购公司的成本，因此在采用这一收购方式时，必须考虑成本这项因素。另外，现金收购会对收购公司的资产流动性、资产结构、负债等产生不良影响，所以应当综合考虑。

2.股票收购

股票收购是指收购公司以增发股票的方式获取目标公司的所有权。采用这种方式，可以把出售股票的收入用于收购目标公司，公司不需要动用内部现金，因此不至于明显影响本公司的财务状况。但是，公司增发股票会影响股权结构，原有股东的控制权会受到冲击。

3.综合证券收购

综合证券收购是指在收购过程中，收购公司支付的不仅仅有现金、股票，还有可转换债券等。这种收购方式兼具现金收购和股票收购的优点，收购公司既可以避免支付过多的现金，保持良好的财务状况，又可以防止控制权的转移。

三、企业并购的动因

企业并购有多种原因，主要出于以下几方面的考虑。

（一）提高开发新产品或进入新市场的速度

企业成长总体上有内部生长型和外部扩张型两种途径。内部生长型指的是企业通过投资建立新的生产经营设施，包括在原有的业务范围内扩大规模和投资开发新的业务。外部扩张型是指企业通过并购的方式获得其他企业已有的生产经营资源和能力。通过内部生长途径来发展企业，速度缓慢；而并购则可以使企业快速进入市场，推出新产品。

（二）增强对市场的控制能力

企业通过并购可以获取竞争对手的市场份额，迅速扩大企业的市场占有率，增强企业在市场上的竞争能力。此外，由于并购减少了竞争对手，尤其是在竞争者不多的情况下，可以增强企业对整个市场的控制能力。因此，企业往往通过并购竞争对手，或并购供应商、分销商或相关产业的企业，来达到迅速增强市场力量的目的。

（三）打破行业进入壁垒

行业进入壁垒是指企业为进入某一产业所需克服的困难。例如，当行业中现有的大企业已获得规模经济效应，或者消费者对现有企业的品牌已具有较高的忠诚度，都会给新进入企业带来很大困难。新进入企业不得不在生产设施、销售渠道、广告和促销活动等方面进行大量的投资，而且通常还要提供比竞争对手更低的价格以吸引消费者。面对行业进入壁垒，企业通过并购（尤其是跨地区并购）行业中已有的企业，则可以迅速进入该行业，并且可以获得具有一定顾客忠诚度的现有企业及其产品。实际上，一个行业的进入壁垒越高，企业越应当考虑通过并购的手段进入该行业。

（四）降低经营风险

企业通过并购，增加了产品种类，可降低企业生产单一产品所带来的风险。此外，在企业进入一个新行业时，需要投资扩建或新建厂房，需要开发新的生产能力，在寻找原料、销售渠道以及开拓或争夺市场时，需要花费人力、物力、财力。这样会使企业的不确定因素增多，经营风险增大，而通过并购便可避免这些风险。

四、企业并购决策的依据

企业并购决策在并购活动中起着至关重要的作用。因此，在并购企业时，一定要对被并购企业的发展前途、获利能力、资产、经营风险等有一个正确的评估，然后再作出决策。

（一）企业的发展前途

每一种产品都有其生命周期，如果被并购企业产品的市场需求萎缩，在市场上处于淘汰状态，企业很难有发展余地，这样的结果是不符合企业并购的设想的。

（二）获利能力

企业并购的目的就是实现利润最大化。因此，企业要对被并购企业的获利能力进行认真评估，认真分析损益表上的收入和成本，了解其盈亏情况。

（三）资产

企业资产可分为有形资产和无形资产。有形资产包括土地、建筑物、机器设备、存货、应收账款、现金、有价证券等。有形资产的评估可参考市价，这样容易做到客观评价。无形资产包括商业信誉、技术、配方、专利权、商标等。无形资产的评估难度较大，可根据该品牌的知名度、消费者对该品牌的偏爱程度、技术的独立性等因素评估被并购企业的价值。

（四）经营风险

被并购企业是否先天具有许多不可避免的风险，对并购企业至关重要。大部分中小企业是在创业的前 5 年遭遇失败的，一般说来，企业存在的时间越长，其失败的风险就越小。企业失败的原因主要是经营不善，因此在并购之前要对企业的经营风险进行全面考察。

五、企业并购后的整合

企业并购的目的是通过对被并购企业的运营实现企业的经营目标。因此，通过一系列程序得到被并购企业的控制权，只是完成了一半的并购目标。在收购完成后，必须对被并购企业进行整合，使其与企业的整体战略协调一致。整合的具体内容包括战略整合、业务整合、制度整合、组织人事整合和企业文化整合。

（一）战略整合

如果被并购企业的战略不能与并购企业的战略相互融合，那么两者就很难进行战略协同。只有在并购后对被并购企业的战略进行整合，使被并购企业发挥出比以前更大的作用，才能促进整个企业的发展。因此，在企业并购后，必须根据整个企业的发展战略，规划被并购企业在整体战略实施过程中的地位与作用，然后对被并购企业的战略进行调整，使整个企业中的各经营单位形成一个相互关联、互相配合的战略体系。

（二）业务整合

业务整合是指在对被并购企业进行战略整合的基础上，继续对其进行业务整合，根据被并购企业在并购企业中的作用、定位及其与其他部门的相互关系，重新规划其经营业务。在规划过程中可进行调整、合并或剥离，目的是提高整个企业系统的运行效率，实现整体优化的目标。同时，对被并购企业的资源也应重新进行优化配置。

（三）制度整合

管理制度对企业的经营与发展有着重要的影响，因此并购后必须重视对被并购企业的制度整合。在新制度的引入和推行过程中，常常会遇到很多问题。例如，引入的新制度与被并购企业的某些制度不配套，甚至互相冲突，不利于新制度的实施。有时，引入的新制度还可能遭到被并购企业管理者的抵制，因为他们认为并购企业的管理者并不了解被并购企业。因此，企业必须详细了解并购双方在制度上的差异，客观地进行分析，制定一个制度整合的通盘计划，分步实施，不可急于求成。

（四）组织人事整合

组织人事整合是一项十分敏感的工作，由于涉及部门和个人的利益，如果处理不当就会直接影响企业的并购活动。因此，并购企业应根据并购后对被并购企业的职能要求，设置相应的部门，安排合适的人员。一般而言，被并购企业和并购企业的财务、法律、研发等专业部门可进行合并；如果双方的营销网络可以共享，则双方的营销部门也应进行相应的合并。整合被并购企业的组织人事，有利于被并购企业的高效运作，发挥企业的规模优势，使整个企业运作系统互相配合，实现资源共享，降低成本费用，提高企业的经济效益。

（五）企业文化整合

企业文化是企业经营中最基本、最核心的因素，它决定了企业的经营理念和员工的行为准则。因此，对被并购企业企业文化的整合影响着并购后整个企业的运作效率。在对被并购企业的企业文化进行整合的过程中，应深入分析被并购企业企业文化形成的历史背景，判断其优缺点，分析其与并购方企业文化融合的可能性。在此基础上，有计划地开展企业文化整合活动，使双方企业文化中的优点相得益彰，从而形成一种优秀的、有利于实现企业总体战略的企业文化，并很好地在被并购企业中推行。

第六章　企业经营战略

第一节　市场战略

市场战略集中讨论一个市场中的某些商业目的，以及达到这些目的的方法和时间安排。在企业经营管理过程中，市场战略在任何战略计划中都是极其重要的，它是形成企业战略计划的基本条件。

一、市场战略的概念

企业所有商业战略的起点都是顾客的需求，而顾客的需求就是指未满足的"市场"。所以说，所有战略必须经过市场的验证才能知道是否正确。如果在市场上是不可行的，那么再好的战略也是无效的。

简单来说，市场战略是指企业有效地区别于竞争对手，利用其经营特色为消费者提供更高价值的产品的方法。市场战略的本质是处理消费者、竞争者和企业三者之间的相互关系。

成功的市场战略具有以下特点。

第一，具有明确的市场定位。例如，企业将提供什么样的产品？产品如何定位？什么样的消费者会买？

第二，发挥企业的资源优势。单个企业的资源是有限的，无法满足所有消费者的要求，这就要求企业利用自身的资源优势，突出自身的鲜明特点来满足消费者的需求。

第三，有利于企业在竞争中脱颖而出。企业的竞争是受控于消费行为的，而且市场竞争十分残酷，所以企业要通过市场定位找出主要的竞争者，针对竞争者的策略随时调整自身策略。

二、市场战略的内容

（一）目标市场战略

目标市场战略是指在市场细分的基础上所确定的最佳细分市场，即企业所确定的以相应的产品满足其需求、为其服务的那个消费者群。它是企业所确定的营销服务对象。目标市场策略主要包括以下几个方面。

1.无差异市场营销

无差异市场营销是指企业在市场细分之后，不考虑各子市场的特性，而只注重子市场的共性，决定只推出单一产品，运用单一的市场营销组合，力求在一定程度上尽可能地满足顾客的需求。

这种战略的优点是产品的品牌、规格、款式简单，有利于标准化与大规模生产，有利于降低生产、存货、运输、研究、促销等成本费用。其主要缺点是具有较大的风险性。单一产品要以同样的方式广泛销售并受到所有购买者的欢迎，这几乎是不可能的。无差异市场营销主要适用于选择性不强、差异性不大、供不应求的商品，或者具有专利保护的商品等。

随着消费者多样化和个性化需求的增加，无差异市场营销的适用范围在逐步缩小。一家公司在刚刚建立时，也许只有一种产品，随着市场的成熟和不同市场领域的出现，企业会试图参与其他领域的市场竞争。

2.差异市场营销

差异市场营销是指企业决定同时为几个子市场服务，设计不同的产品，并在渠道、促销和定价方面进行不同的组合，以适应各个子市场的需求。有些企业曾实行"超细分战略"，即许多市场被过分地细化，导致产品价格不断上涨，影响产销数量和利润。于是，一种"反市场细分"的战略应运而生。反市场细分战略并不反对市场细分，而是将许多过于狭小的子市场组合起来，以便能以较低的价格去满足这一市场的需求。

差异市场营销的优点在于：全面满足消费者的不同需求；在激烈的市场竞争中，由于营销组合手段的多样化，有利于保持市场占有率。其缺点在于：企业的成本较高，而且受到企业资源和经济实力的限制；主要适用于选择性强、需求弹性大、规格多样的产品，如服装、食品等。

3.集中市场营销

集中市场营销是指企业集中所有力量,以一个或少数几个性质相似的子市场作为目标市场,试图在较少的子市场上获得较大的市场占有率。

集中市场营销的主要优点在于:可准确了解消费者的需求,有针对性地开展营销工作;营销的各项成本较低。其缺点在于:风险较大,易受市场竞争的冲击。

上述三种目标市场战略各有利弊,企业在选择时要考虑五方面的主要因素,即企业资源、产品同质性、市场同质性、产品所处的生命周期、竞争对手的目标市场涵盖战略等。

(二)市场地域战略

地理位置长期以来都是企业进行市场细分的主要变量,是影响企业营销活动及营销成本的关键因素。

1.本地市场战略

由于不同地域的消费者具有不同的需求和偏好,或者受到零售商和服务机构的限制(如商业银行、医疗等),企业只能在当地运作。

对于零售业而言,企业在资金不足的情况下,只能在当地运作。大型的制造业者在最初的时候也可能把新产品的销售范围限定在当地市场。随着企业不断发展,产品不断完善,再将产品推向区域市场、全国市场,甚至是国际市场。

本地市场战略的优点在于:企业熟悉本地顾客的需求和偏好,能更好地满足顾客的需求;企业的资源比较集中,能为顾客提供更好的服务。其缺点在于:风险较大,易受到外来竞争者的冲击。该战略适用于强调针对个体服务的企业。

2.区域市场战略

区域市场战略是把国家划分为明确的地理区域,从中选择一个或者多个区域作为企业的目标市场,并且针对每个区域的差异化需求,明确每个区域的营销组合。区域市场战略是介于本地市场战略和全国市场战略之间的一种市场战略。它一般是在经济区域的基础上形成的,是进军全国市场的一个缓冲过程。

区域市场战略的优点在于:帮助企业在一定的地域空间内发展,提高企业的市场占有率,使企业竞争的实力逐步增强。开发区域市场,还要注意与当地企业的合作,尤其是与当地中间商的合作。

3.全国市场战略

全国市场战略是在主权国家的范围内建立起来的市场。全国市场战略对企业提出了更高的要求：首先，企业需要大量的初始化投入来开拓市场；其次，企业需要更充足的资源和更强的抵御风险的能力。

全国市场战略的优点在于：为企业发展提供更多的机会；实现规模经济效应；提高企业的市场占有率。其缺点在于：企业面临的风险较大。

4.国际市场战略

国际市场战略是在国际分工的基础上，使商品在世界范围内流通。由于消费者的生活方式、语言、宗教信仰、民族等各不相同，国际市场战略比全国市场战略面临更大的风险和不确定性。

随着科技的发展、生产规模的扩大，以及国内市场需求的日渐饱和，进军国际市场是企业发展的必然趋势。现在许多企业已经采用了国际市场战略。

国际市场战略与全国市场战略相比具有如下优点：企业具有更多额外的市场机会；企业在国际市场的大环境中不断发展壮大；使企业能够更容易地战胜竞争对手。

（三）市场竞争战略

每个企业都要依据自己的目标、资源和环境，以及在目标市场上的地位，来制定竞争战略。即使在同一企业中，不同的业务、不同的产品也有不同要求。因此，企业应当先确定自己在目标市场的竞争地位，然后根据自己的市场定位选择适当的营销战略和策略。根据企业在目标市场所起的作用，可将企业分为四种类型：市场领导者、市场挑战者、市场跟随者和市场利基者。不同类型的企业应采取不同的市场竞争战略。

1.市场领导者战略

所谓市场领导者，是指在相关产品的市场上占有率最高（一般在 20%以上）的企业。一般来说，大多数行业都有一家企业是公认的市场领导者，它在企业营销组合的各个方面处于主导地位。它是市场竞争的领导者，也是竞争者挑战、效仿或回避的对象。例如，美国汽车行业的通用汽车公司、电脑行业的 IBM 公司、软饮料行业的可口可乐公司以及快餐行业的麦当劳公司等。

这些市场领导者的地位是在竞争中自然形成的，但不是固定不变的。因此，企业必须随时保持警惕并采取适当的措施。一般来说，市场领导者为了维护自己的优势、保持自己的领导地位，通常会采取三种策略：一是设法扩大整个市场需求；二是采取有效的防守措施和战术，保护现有市场占有率；三是在市场规模保持不变的情况下，进一步扩大市场占有率。

企业不能认为在任何情况下，市场占有率的提高都意味着收益率的增长，这还要取决于为提高市场占有率所采取的营销策略。有时为提高市场占有率所付出的代价会高于它所获得的收益。

2.市场挑战者战略

在行业中处于次要地位（名列第二、第三）的企业称为亚军企业或者追赶企业。这些亚军企业对待当前的竞争情势有两种态度：一种是向市场领导者和其他竞争者发动进攻，以获得更高的市场占有率，这时可称其为市场挑战者；另一种是维持现状，避免引起与市场领导者和其他竞争者的争端，这时其是市场追随者。

市场挑战者为了战胜市场领导者一般采用以下战略。

第一，攻击市场领导者。这一战略风险很大，但是潜在的收益可能很高。市场挑战者要认真调查研究顾客的需求及对现有产品的不满之处，这些很可能就是市场领导者的弱点和失误。

第二，攻击与己方规模相当者。市场挑战者可就一些与自己势均力敌的企业，选择其中经营不善者作为攻击对象，以夺取其市场。

第三，攻击区域性小型企业。一些地方性小企业会因为经营不善而引发财务困难，市场挑战者可将其作为攻击对象。

3.市场跟随者战略

美国市场学学者李维特（T. Levitt）认为，有时产品模仿像产品创新一样有利。这是因为一种新产品的开发和商品化要投入大量资金，也就是说，市场领导者地位的获得是有代价的。而其他厂商可仿造或改良这种产品，虽然不能取代市场领导者，但由于不必承担新产品的创新费用，所以也可获得较高的利润。

并非所有在行业中处于第二梯队的公司都会向市场领导者发起挑战，因为这种挑战会遭到市场领导者的报复，最后可能无功而返，甚至一败涂地。因此，除非市场挑战者能够在某些方面赢得优势，如实现产品重大革新或是分销有重大突破，否则，它们往往宁愿追随市场领导者，也不愿对市场领导者贸然发动攻击。这种"自觉并存"现象在资本密集且产品同质性高的行业，如钢铁、化工等行业中是很普遍的。

市场跟随者的主要策略：更好地维持现有顾客，并争取一定数量的新顾客；设法建立自身的独特优势，不能单纯模仿市场领导者；尽力降低成本。

4.市场利基者战略

几乎每个行业都有些小企业致力于市场中被大企业忽略的某些细分市场，在这些小市场上通过专业化经营来最大限度地获取收益。这种有利的市场位置就称为"利基"，而所谓市场利基者，就是指占据这种位置的企业。

市场利基者的主要策略是专业化，企业必须在营销组合方面实现专业化。在选择市场利基时，营销者通常选择两个或两个以上的利基，以确保企业的生存和发展。

第二节　产品战略

产品战略是指企业通过提供不同产品来满足不同市场需求的战略。产品战略和市场战略是相互配合的，最终支配企业的总体战略计划。本节将从以下几个方面对产品战略进行介绍。

一、产品定位战略

产品定位是指将一种品牌的产品投入比其他竞争者产品更受欢迎的细分市场。产品应该和市场相互配合，通过产品定位与竞争品牌区别开来。产品定位表示产品代表什么、是什么，以及消费者将如何评价它。

完成产品定位需要进行设计和沟通，因为产品定位主要是对消费者的心理进行定位。这就需要不断了解消费者的需求，与竞争对手区别开来。

产品定位的步骤主要包括：

①分析消费者的不同需求；

②考察不同细分市场的需求分布情况；

③根据产品的属性和企业现有品牌的定位决定产品的最佳定位；

④针对该产品的定位进行全面营销组合。

下面主要讨论企业品牌的两种定位策略。

（一）单一品牌定位

单一品牌定位是指企业使用相同的品牌将各种产品推向市场的定位策略。例如，海尔，其冰箱、彩电、洗衣机等都是用同一个品牌。采用单一品牌定位可以降低成本，实现效益最大化。

企业采用单一品牌定位，各个产品之间的属性和质量的差别要比较小，而且企业必须在起主导作用的市场中确定一个核心的细分市场，通过这个核心的细分市场吸引消费者。

企业采用单一品牌定位时，必须能够承受来自竞争者的强大冲击力，而且要在消费者心目中建立起独特的地位，通过营销等各种手段保持这种竞争优势，这是企业成功进行单一品牌定位的关键。

（二）多品牌定位

多品牌定位是指分别使用不同的品牌对同一企业生产的产品进行定位。采用多品牌定位有利于企业向不同的细分市场提供不同的产品，实现企业效益的最大化，还可以有效地避免竞争者对单一品牌的强烈冲击。例如，宝洁公司针对不同的洗发需要提供不同品牌的洗发水；海信集团已经明确多品牌运作的战略，即海信、科龙、容声都将作为战略性品牌，长期经营，不分轻重，海信、科龙空调产品分别定位于变频、高效；容声冰箱则继续主打高品质、时尚的产品策略。

采用多品牌定位时，企业管理者应该注意：对于每个品牌都应明确主要的细分市场，避免自有品牌"自相残杀"，降低企业的收益；推出新品牌的时候，各种品牌的相互竞争程度应是企业能接受的；要考虑竞争者可能带来的冲击；需要企业强大的实力作后盾。

企业产品的定位策略不是一成不变的，是一个持续改进的过程。企业必须根据市场环境的变化，不断调整企业的产品定位，以便在激烈的竞争中保持优势。

二、产品组合战略

产品组合战略是指一个企业生产或经营的全部产品线和产品项目的结构,即产品花色和品种的配合战略,是对企业业务单位的任务指示。产品组合战略是涉及企业发展规划的长期计划,必须经过周密的安排,并随时根据情况调整企业的产品组合。

产品组合战略主要包括以下几个方面。

(一)单一产品战略

企业只生产一种产品,而且必须依靠这种产品才能取得成功。例如,格兰仕坚持生产微波炉,运用市场渗透战略,已在国内市场占据了很大的市场份额。但是格兰仕不愿意涉足新的行业,也未进行多元化经营,它选择了开发新市场以满足成长之需。单一产品战略具有以下优势:企业生产的产品专业性较强,有助于实现规模经济效应;企业生产管理更有效率;企业专注于小范围的产品,发展更为平稳,能够承受竞争者的冲击。

单一产品战略的缺点在于:如果环境发生变化,企业可能面临灭顶之灾;企业的销售额和市场份额不会迅速增加,对于希望增加销售额和市场份额的企业来说,这不是合适的战略。

(二)多产品战略

多产品战略是指企业向市场提供两种以上产品的战略。提供多种产品可以增强企业应对环境变化的能力,而且企业不同产品之间是相互补充的,可以实现利润的快速增长。

企业的多产品线可以是相关的,也可以是不相关的。相关产品由不同的产品线和产品组成。以海尔为例,它在电器领域不断渗透,通过良好的服务和高质量的电冰箱、洗衣机来获得更多收入。海尔在创造新的特色、保持品牌的新鲜感方面也做得很好,引起了消费者的注意。当前,海尔品牌已经成功进入美国市场,海尔冰箱和空调在美国的销量格外好,而且进入了保险、自动化机械和其他领域。

三、新产品开发战略

新产品开发是企业发展的生命线，是企业保持竞争优势、实现利润最大化的关键。采取新产品开发战略，能帮助企业更好地维持现有产品的优势。

新产品开发战略有如下三种选择。

（一）产品改进和调整战略

该战略是指在原有产品的基础上，采用新技术、新材料、新结构以显著改善其性能。原有产品可能由于环境的变化而进入产品生命周期的成熟期，使企业的利润降低，或者由于竞争者的跟进，削弱了企业产品的竞争优势，从而需要改进和调整。

该战略可以使企业产品获得新生，并与竞争产品有效地区别开来。企业可以通过新的产品定位，迎合不同消费者的需求，同时企业也可仔细对比分析竞争产品，发现企业产品的独特竞争优势和竞争潜力。

（二）产品模仿战略

该战略是指企业推出一种市场上已经存在的新产品。企业采取这种战略，可以减少产品研发的费用，使企业更具价格优势，进行追随性竞争，以此分享收益。

在没有专利保护的情况下，企业可以设计、生产与发明者的产品差别不大的产品，与发明者进行有力的竞争。模仿的确可以有效地避免创新过程中的风险，但并不是对所有成功产品的仿制都是成功的。企业可以模仿新产品，但是营销计划应该创新，这样才能有效地增加市场份额和销售量。

（三）产品创新战略

产品创新是指企业运用新技术、新工艺、新材料生产、制造全新的产品。企业可以通过产品的创新提高市场占有率，获得巨大的收益。产品创新需要企业投入大量精力和财力进行跨组织管理，所以一般创新都是由大企业完成的。

新产品的开发不仅要考虑企业的开发能力，还要考虑开发出产品以后的生产能力，以及制定营销方案等一系列工作。

四、产品生命周期战略

产品生命周期是指产品从投入市场开始到退出市场为止所经历的全部时间。产品的生命周期也像人的生命一样，要经过一个诞生、成长、成熟并最终衰退的过程，即投入期、成长期、成熟期和衰退期。不同时期，企业的销售额、利润、竞争力等会发生变化，企业需要采用不同的市场营销、财务、生产等战略。

（一）投入期战略

企业产品刚投入市场时，购买者较少，企业的销售额增长缓慢。企业的主要目标应是扩大产品的知名度，这相应地会增加广告宣传的费用。企业可以采用的营销策略包括：

①利用企业现有的品牌带动新产品的销售，如捆绑销售、采用同一品牌等；

②从中间商处打开缺口，中间商最关心的是差价和风险，企业可以采用寄售或广告津贴等方式提高中间商的积极性；

③采用优质优价策略，即通过高价格来树立产品高质量的市场形象和威望；

④大规模促销，刺激消费者购买。

（二）成长期战略

在成长期，购买者逐步接受该产品，企业也实现批量生产，产品的质量不断稳定，竞争者开始进入。企业可以采用的营销策略包括：

①建立企业竞争优势，不断提高产品的质量，增加产品的特色；

②开发新市场，一方面增加现有消费者的需求量，另一方面不断开发新的消费群体；

③降低价格，吸引对价格敏感的消费者。

（三）成熟期战略

企业的销售额和利润在成熟期达到最大并有下降的趋势，竞争处于白热化。企业可以采用的营销策略包括：

①对产品进行重新定位，增加产品的功能和用途，增加产品的销售量；

②开发新产品，为产品退出市场做准备；

③扩大产品的销售渠道，不断满足不同消费阶层的需求。

（四）衰退期战略

在衰退期，产品已经不适应市场的需求，产品的销售量和利润迅速减少，很多企业相继退出市场。企业可以采用的营销策略包括：

①维持现有的市场份额；

②抢占竞争者的市场；

③逐步退出市场。

第三节　定价战略

在营销组合中，价格是灵活性最强的一个因素。产品、渠道和推广都需要长时间的准备和投入，而价格则可以说变就变。正因为价格的这种"短、平、快"的特性，许多企业会过分依靠价格战，放弃企业营销策略的丰富性。摆正价格策略的位置，灵活运用各种价格策略，能产生意想不到的效果。

一、定价目标

定价目标是指企业通过控制价格来达成企业经营的目标，它是企业定价战略的前提和基础。企业所有定价目标的最终目的都是实现利润最大化。

企业的定价目标主要有以下几种。

（一）以获取利润为目标

利润是企业生产和发展的必要条件，也是考核和分析营销工作的一项综合性指标。最高的价格往往不能实现利润的最大化，甚至会由于竞争力不足而失去市场。利润最化应以长期的总利润为目标，在个别时期，甚至允许以低于成本的价格出售产品，以便吸引顾客。该目标适用于具有一定优势、市场供不应求或生命周期较短的产品。

（二）以扩大市场份额为目标

市场占有率不仅代表企业在同行业中的地位，还代表企业的竞争实力。市场占有率是指企业某产品的销售量与业界同类产品的销售量的比率。

市场占有率与利润的关系密切。从短期来看，企业不断扩大市场占有率必须采用低价格策略，是以牺牲利润为代价的；但从长期来看，市场占有率的扩大会逐步提高企业的利润。

以市场占有率为企业定价目标，企业必须做到以下几点：通过规模经济不断击败小的竞争者；企业产品的价格一定要比其他企业低（30%左右）；价格虽然低，但是企业的产品技术和品质是最好的；必须长时间坚持，只有这样企业才会赢得最终胜利。

（三）以应对和避免竞争为目标

这是指企业为了更有效地竞争或者满足竞争的需要而制定的定价目标。企业要注意搜集同类产品的价格和质量信息，与自己的产品进行比较分析，选择适应竞争的价格。

在竞争能力较弱的时候，企业应与竞争者的价格保持一致，避免与竞争者产生正面冲突；在竞争力较强的时候，企业应以低于竞争者的价格迅速抢占市场。

企业的定价目标是企业实践活动的总结，企业可以采用其中的一种，也可以采用其他的目标。不同的行业有不同的目标，即使定价目标相同的企业，其价格策略和定价方法也不相同。企业应根据自身的特点和性质来选择定价方法。

二、定价方法

定价方法是企业在特定的定价目标下，依据对成本、需求及竞争力等状况的研究，运用价格决策理论计算产品价格的具体方法。定价方法主要包括成本导向、竞争导向和需求导向三种类型。

（一）成本导向定价法

成本导向定价法是企业首先要考虑的定价方法。成本是企业生产经营过程中所发生的实际耗费，客观上要求通过商品的销售得到补偿，并且要获得大于其支出的收入，超出的部分即为企业利润。以产品单位成本为基本依据，再加上预期利润来确定价格的成本导向定价法，是企业最常用、最基本的定价方法。

从本质上来说，成本导向定价法是一种卖方导向的定价方法。它忽视了市场需求、竞争和价格水平的变化，在有些时候与定价目标脱节。此外，运用这一方法制定的价格均是建立在对销量进行主观预测的基础上，从而降低了价格制定的科学性。因此，在采用成本导向定价法时，还要充分考虑需求和竞争状况，以确定最终的市场价格水平。

（二）竞争导向定价法

这种方法是指在竞争十分激烈的市场上，企业研究竞争对手的生产条件、服务状况、价格水平等，并依据自身的竞争实力，参考成本和供求状况来确定商品价格。

在只有一个企业的行业中，不存在竞争活动，该企业可以根据法律规定随意地制定价格。在竞争异常激烈的市场中，竞争限制了企业定价的决定权。在少数几个生产无差别产品的行业（如钢铁行业）中，只有行业领导者有改变价格的决定权，其他行业成员则倾向于跟随行业领导者的价格。

（三）需求导向定价法

现代市场营销观念要求企业的一切生产经营活动必须以消费者的需求为中心，并在产品、价格、分销和促销等方面予以充分体现，只考虑产品成本而不考虑竞争状况及顾客需求的定价，不符合现代营销观念。根据市场需求状况和消费者对产品的感觉差异来确定价格的方法，叫作需求导向定价法。

在需求富有弹性的市场，企业可以通过降低价格来增加企业的销售额，实现利润的最大化。相反，对于需求缺乏弹性的市场（如食盐市场），企业一般只能通过提高产品的价格来增加企业的销售额，实现利润的最大化。

三、价格调整策略

企业价格不是一成不变的，会随着外界环境和企业自身内部环境的变化，不断地进行调整。它主要包括提价和降价。

（一）提价的技巧

1.公开真实成本

企业通过公关、广告等宣传方式，在消费者认知的范围内，把产品各项成本的上涨情况如实地告诉消费者，以获得消费者的理解，使涨价在消费者没有或较少抵触的情况下进行。

2.开发新产品，提高价格

为了减少顾客因涨价感受到的压力，企业应在产品方面多下功夫，如改进原产品、设计同类新产品，在产品性能、规格、式样等方面给顾客更多的选择，使消费者认识到，企业在提供更好的产品，因此，索取高价也是应该的。

3.调整产品规格

这种做法是在涨价时增加产品供应量，使顾客感到产品的量增加了，价格上涨也是自然的；或者可以减少产品的量，用价格的小幅度调整来掩盖产品规格的大幅度调整，从而提升单位规格产品的价格。

4.在涨价的同时进行促销，淡化涨价影响

消费者和经销商当然不愿意接受产品涨价，但如果厂家同时进行促销，使消费者和经销商感觉到价格其实没有上涨，抵触情绪可能就没那么强烈。例如，企业可以随产品赠送一些小礼物，提供某些特殊优惠等。在促销活动开始一段时间后，厂家可以调整促销的力度，使价格在不知不觉中上涨。

（二）降价的技巧

1.提供更多的服务

在价格不变的情况下，企业提供送货上门或免费安装、调试、维修，以及为顾客投保等服务，这些费用本应该从价格中扣除，因而实际上降低了产品价格。

2.改进产品的性能，提高产品的质量

增加产品功能、提高产品质量，在价格不变的情况下，实际上降低了产品的价格。

3.进行强有力的促销

增加折扣，或者在原有基础上扩大各种折扣的比例，或者向购买商品的消费者赠送某种礼品，如玩具、工艺品等，在其他条件不变的情况下，实际上降低了产品的价格。

4.有效地沟通

消费者在一定程度上会认为降价必然降质，所以企业在降价的同时，要注意和消费者的沟通。企业可以通过一些公关活动来说服消费者，如刊登广告阐明事实真相等。

第四节　促销战略

促销战略即促进销售的战略，是指企业向目标顾客传递产品信息，促使目标顾客购买商品的一系列说服性沟通活动。它是市场营销组合的四个构成要素之一。促销实质上是一种沟通活动。

一、广告战略

广告是广告主以付费的形式，运用大众传播媒介将商品和劳务信息传递给消费者和用户，以促进商品销售、树立企业形象的一种方式。制定广告战略时应考虑如下内容。

（一）广告媒体的选择和使用

选择和使用广告媒体时，要考虑其正反两方面的效果。可根据广告媒体的覆盖面、接触频率和作用强度来进行比较，以保证广告的促销效果。

1.消费者的接受程度

选择的广告媒体应能迎合目标顾客的需要和喜好，应考虑到各层次顾客对媒体的接受程度。

2.产品的特点

服装、食品、儿童用品等日用消费品，用色彩鲜艳、形象逼真的彩印画片和电视广告引起消费者的兴趣，企业可考虑用覆盖面广的大众传媒。新产品和高科技产品可用附有详细说明的邮寄广告和宣传手册，有针对性地传递给目标顾客。

3.广告媒体的传播范围

广告媒体的传播范围应当与市场范围一致，要考虑广告媒体的特点。

4.广告成本

企业应根据自己的经济实力制定广告预算，在分析广告媒体特点的基础上，选择使用某一广告媒体或综合使用几种广告媒体，使之发挥更大的作用。

（二）广告的目标

要制作优秀的广告，首先应明确广告的主要目标是什么。广告的主要目标包括以下几项。

1.激发消费者的购买欲望

企业可以有效地传递商品与服务，在适当的时机和地点刺激消费者的购买欲望，使消费者的购买目标明确化。这种刺激是一个循序渐进的过程。首先，应引起客户的关注和兴趣；其次，要影响客户的理解、记忆、认知等。

2.改变顾客的态度

广告有助于改变顾客对本企业产品的态度。广告要实现以下目标：向领导型消费者施加压力，从而影响评价产品等级的标准；针对企业被消费者认可的产品等级附加一些竞争对手没有的、额外的特点；借助产品的显著特点，改变消费者对产品品牌的认知。

改变顾客的态度，就是把产品与企业的目标市场和产品定位联系起来。该方法不仅显示了广告的作用，还能使广告的效果最大化。

（三）广告设计战略

1.市场调研

市场调研的主体主要是产品、消费者和竞争者。产品是广告的导向，应明确企业的广告是为产品服务的，而不应把广告放在核心位置；消费者的需求是企业进行广告制作和选择广告媒体的基础；竞争者是用来比较企业之间的差别的。

2.设计定位

企业要解决"我是谁""我是什么"和"我面向谁"的问题，为企业的后续广告制作提供依据。

3.广告诉求

在广告中，企业要解决"向消费者说些什么"及"怎么说"的问题。

4.构思

广告的构思应新颖、独特。首先，要能够吸引消费者的注意力；其次，要能使消费者产生共鸣；最后，要符合企业的销售政策。

二、人员推销战略

人员推销是企业或其他集团派出销售人员直接与顾客接触，向其宣传介绍产品和劳务，并提供售后服务，以达到销售目的的活动。

（一）销售激励策略

1.物质奖励

纯薪金制，即每月给予推销人员固定的薪金，其他业务开支由企业支付。这种方法能使推销工作人员比较有安全感，但难以激发推销人员的积极性。

纯佣金制，即推销人员的报酬完全与其推销业绩相联系，按销售额或利润额的一定比例提取报酬，各项业务开支由推销人员自己解决。这种方法能有效地鼓励推销员积极工作，开辟新市场。

混合制，即把推销人员的收入分成薪金和佣金两部分，一部分是相对固定的，包括基本工资、福利补贴；另一部分是与推销人员的工作效果联系起来上下浮动的佣金。这种方式吸取了纯薪金制和纯佣金制的优点，又避免了各自的缺点，但决策人员应掌握好薪金和佣金的比例，做到既让推销人员具有职业安全感，又能充分调动他们的积极性和创造性。

2.精神奖励

精神奖励是指企业领导对推销员的工作给予关心和支持，对其经常进行鞭策和鼓励，形成有利于工作的良好氛围。

制定合理的销售定额对推销人员的工作也是一种激励。适度的销售定额有利于推销员高效率地进行工作，使他们能通过努力获得成就感，得到物质和精神上的满足。

此外，还可采取其他精神鼓励措施，如定期开会评选最佳推销员，给予奖励；开展销售竞赛；给予推销人员更多的晋升机会等。

（二）销售战略

1.客户的开发

客户的开发应关注现有客户的维护和新客户的开发，毕竟维持现有客户的成本和开发新客户的成本不同，通常情况下，开发一个新客户的成本相当于维持六个现有客户的成本。

2.保证企业的销售力量得到充分利用

例如，企业要决定，是采用推销员直接上门推销（成本较高）的方式，还是通过先进的技术（如电话营销、远程会议、网络销售）和销售技巧的创新（如 3D 展示）来吸引客户。

3.接触客户组织中的相关人员

客户购买的过程分为考虑、接受、选择和评价的过程，客户组织的不同人员对各个阶段的影响不同。因此，有的销售政策要求企业仔细分析客户组织中与业务相关的所有人员，还需要接触客户组织中的关键人物。

三、促销组合战略

促销组合战略包括人员推销、广告、营业推广、公共关系四种策略，它们之间相互制约、相互促进。企业应根据这四种策略的特点，综合选择、组合和运用。

（一）促销策略的比较分析

广告的特点是可以运用各种传播媒介，深入大众，触及面广，其艳丽的色彩、生动的画面和造型易引起广泛的注意，加深大众印象，但广告的作用不易测定，说服力较小，不易使人们作出立刻购买的决定。

人员推销的特点是利用人与人的正面接触营造融洽的气氛，激发购物兴趣，及时成交，并且推销方式灵活，服务周到，但人员推销的费用较高，且不易招聘到优秀人才。

营业推广的特点是在短期内营造极强的促销氛围，吸引个人消费者和集团购买者采取购买行动和重复购买行动，但营业推广的短期行为可能会引起顾客的疑虑。

公共关系的特点是利用人际关系和宣传媒介进行信息的双向交流，达到内求团结、外求发展的目的，影响面比较广，作用持久，但其促销效果不如其他形式来得快而直接。

（二）影响促销组合策略的因素

1.产品的特性

运用广告和营业推广策略，比较符合消费者选择性强、购买频率高、需求广泛的要求。例如，工业品的技术和质量要求高、计划性强、注重服务，采用人员推销、公关手段比较容易达到理想效果。

2.产品所处的市场生命周期

针对产品在不同的市场生命周期，企业采用的促销策略或组合策略应有所侧重。例如，在产品引入期着重使用广告和人员推销方式，或用公关策略，建立产品的形象，使产品为更多人知晓。

3.消费者的特点

当目标市场中顾客面窄、技术专用性强时，宜采用人员推销和公关策略。当目标市场中潜在顾客比较多且分散，消费层次复杂时，用广告和营业推广策略效果会更明显一些，能较快提高销售量。

（三）促销组合的策略

1."推"促销方式

企业把产品信息"推"给批发商和其他中间商，由中间商再推荐给消费者的促销策略称为"推"的策略。这时企业采用人员推销、公共关系等手段，为中间商做好促销工作，借助其力量吸引消费者。

2."拉"促销方式

企业首先在传播媒介上宣传产品，引发消费者的购买欲望，零售商为满足消费者的要求向批发商订购产品，批发商再向生产商订购产品，这种策略称为"拉"的策略。例如，消费者众多的产品适合用"拉"的策略，工业品则适合用"推"的策略，也可以同时采用"推"和"拉"的策略。

第五节 营销组合战略

营销组合战略理论实际上是从管理决策的角度来研究市场营销问题。从管理决策的角度看，影响企业市场营销活动的可控因素包括产品（product）、价格（price）、地点（place）、促销（promotion）。这四种营销策略的组合，因其英语的第一个字母都是"P"，所以人们称之为"4P"营销组合战略。

一、营销组合的特点

（一）可控性

营销组合的各因素对企业来说都是企业"可以控制的因素"。企业可以根据市场的需求选择自身的产品结构，制定产品的价格，选择分销渠道和促销方式等，对企业的营销手段进行自主运用和搭配。但是，企业的自主性是有限的，会受到企业本身资源和目标的制约，而且还要受到各种外部环境的影响和制约，这些就是企业"不可控制的因素"。营销管理者的任务就是在综合运用营销策略的时候，既能有效地利用各种可控因素，又要善于灵活地适应外部环境的变化，这样才能在市场竞争中获得胜利。

（二）动态性

市场营销组合中的各个因素不是一成不变的，而是不断变化的。各个因素之间是相互影响和制约的，每个因素中又包含若干个小因素，每一个因素的变动都会引起营销组合的变化，形成一个新的组合。

（三）复合性

营销组合是一个复合性系统，具有复合结构。一般来说，营销组合至少包含两个层次的复合系统。

（四）整体性

营销组合是企业根据整体营销目标制定的营销策略，要求企业各个因素之间相互配合，产生协同效应。在各个因素独立发挥作用的时候，有的营销效果可能相互抵消，导致效果不明显；在组合的条件下，各个因素之间相互补充、协调配合、目标统一，其整体功能大于局部功能。

二、市场营销组合的基本策略

（一）产品策略

产品是为目标市场而开发的，用于满足目标市场特定顾客的需求，包括产品类别、质量、设计、性能、款式、规格、材料、品牌、包装、服务、保证等。

产品是营销组合的核心因素，企业的其他各项营销策略都是以产品为基础制定和执行的。企业应根据需求的特点和竞争对手的实际情况，确定自己的产品结构，促进产品升级换代。

（二）价格策略

价格策略是企业根据产品在目标市场中的定位，为企业的产品确定一个既能被目标消费者接受，又能为企业带来一定利润的价格，主要包括折扣、折让、付款期限、信用条件等。

价格是营销组合中最灵活的一个因素，企业可根据竞争需要及时调整价格。因此，企业制定的价格一般是具有竞争性的。在制定价格的过程中，不仅要考虑企业的成本，还要考虑顾客的接受能力和竞争对手的价格。

（三）分销策略

分销策略的目的是保证企业的产品能够及时、准确地到达消费者手中，是联系企业和市场的纽带。分销策略主要包括中间商、渠道、地点、市场覆盖面、仓储、运输等。

分销策略是企业营销策略中的难点，因为分销策略包含了许多企业无法控制的因素，还有在发展中形成的大量人际关系，以及渠道本身与企业内其他职能部门的密切联系等。企业应时刻注意市场的变化和自身资源的关系，及时调整分销策略，保证企业分销策略的有效执行。

（四）促销策略

促销策略是企业把产品、价格和企业营销方面的一些想法和观念传达给消费者的过程，是一种沟通和说服的过程，主要包括广告、人员推销、销售促进、公共宣传、直销等。

促销策略的关键是要引导消费者的消费意识，使消费者认识企业产品的价值，而不在于产品的价值是否真实，同时还要在消费者心目中建立起本企业产品与竞争产品的品牌差别想象，即消费者的认识空间，从而产生排他性。

三、从"4P"到"11P"的转变

1986 年，美国市场营销学家科特勒（P. Kotler）提出了大市场营销的概念。大市场营销是指在实行贸易保护的条件下，企业的市场营销战略除了"4P"之外，还必须加上"2P"，即政治力量（political power）和公共关系（public relation）。大市场营销主要用于国际市场，是企业的一种超越国界的营销。大市场营销是企业发展的必然趋势。

1986 年，科特勒在我国对外经济贸易大学演讲时，在"6P"基础上又提出了战略上的"4P"。第一个"P"是调查（probing），即搞清楚市场由哪些人组成、市场需要什么、竞争对手是谁、怎样才能使竞争更有效，这是市场营销人员应采取的第一步。第二个"P"是分割（partitioning），即把市场分成若干个部分，每个市场都有各种不同的人，分割的含义就是要区别不同类型的买主，即进行市场细分。第三个"P"是优先（prioritizing），即搞清楚哪些顾客最重要，哪些顾客应成为推销产品的目标，即搞清楚目标市场、目标顾客。第四个"P"是定位（positioning），即每个企业都必须在顾客的心目中给自己的产品树立形象。

科特勒还强调了人员的重要性，他认为作为企业可控因素之一的人员对于实现企业目标具有举足轻重的作用，特别是各种营销人员和服务人员的言行、仪表等对企业的声誉和效益都会产生影响，因此人员也被看作营销组合的一个重要因素。也就是说，在"10P"之后，再加了一个"P"，即人员（people），于是出现了市场营销"11P"的组合策略。

四、从"4P"到"4C"营销组合的转变

"4C"营销理论是由美国营销专家劳特朋（R. F. Lauterborn）教授在1990年提出的，它以消费者需求为导向，重新设定了市场营销组合的四个基本要素：消费者（customer）、成本（cost）、便利（convenience）、沟通（communication）。"4C"营销组合观念是对"4P"营销组合战略的超越，更好地揭示了当前市场的规律。"4C"营销组合理论强调以顾客的需求为导向，把了解、分析和研究消费者的需求放在首位，而不是先考虑企业能够生产什么样的产品。

（一）顾客

真正重视顾客，不是卖企业能制造的产品，而是提供那些顾客想购买的产品，尤其要在顾客的个性化需求方面下功夫。在产品的生产中要注意，创造顾客比开发产品更重要，消费者的需求和欲望比产品的功能更重要。

（二）成本

了解消费者为产品愿意支付的价格，而不是自行先给产品定价。在考虑消费者购物成本的情况下，决定企业产品的价格，再根据价格决定企业的生产成本，保证产品的价格低于消费者的意愿价格。

（三）便利

商品的分销渠道选择，应考虑如何为消费者的购物带来更多的便利，节约消费者的购物成本，而不是单方面选择使卖方更方便的方式。企业可以采用网上购物、消费者免费电话等方式，使消费者不必出门便可购物。因此，企业在设置营销渠道时，要考虑消费者的购买方式、消费偏好等，及时调整企业原有的渠道，为顾客提供实实在在的便利。

（四）沟通

它是指改变企业通过广告等方式向消费者单向输出的方式，实现双向沟通，做到随时随地互动，不断地整合企业内外营销资源，在无形中把顾客与企业的利益结合起来。

第七章　企业竞争战略

第一节　企业基本竞争战略

企业在确定了整体战略之后，便选择了将要从事的经营领域。如何在各个经营领域中竞争，属于企业战略的第二个层次——确定企业的基本竞争战略。

基本竞争战略就是无论在什么行业或什么企业都可以采用的竞争性战略。波特在《竞争战略》一书中将竞争战略描述为：采取进攻性或防御性行动，在产业中建立起进退有据的地位，成功地应对五种基本竞争力量，从而为企业赢得超常的投资收益。为了达到这一目的，不同的企业会采取不同的方法，但对每个具体的企业来说，其选择的最佳战略都是在企业所处的内外部环境下的独特产物。波特在书中提出了三种基本竞争战略，即成本领先战略、差异化战略和集中化战略。这三种基本竞争战略因为能使企业形成超出对手的竞争优势而长期为企业所采用。这些战略是根据产品、市场及特殊竞争力的不同而形成的，企业可根据自己的生产经营情况，选择所要采用的竞争战略。

一、成本领先战略

成本领先战略又称低成本竞争战略，是指企业在研究、开发、生产、销售、服务和广告等领域把成本降到最低限度，使成本或费用明显低于同行业平均水平或主要竞争对手，从而赢得更高市场占有率或更多利润的一种竞争战略。

按照波特的思想，成本领先战略应表现为比竞争对手更低的价格，但这并不意味着仅仅获得短期成本优势或削减成本，而是一个"可持续成本领先"的概念，即企业可通过低成本来获得持久的竞争优势。成本领先战略可以给企业带来许多益处，因而成为众多企业追求的目标，但达到这一目标还要考虑诸多因素，如实现规模经济、投入高效率的设备、紧缩成本开支、降低间接费用等。要达到这些目的，必须在成本控制方面进行大量的管理工作，同时企业在质量、服务及其他方面的工作也不能忽视，但降低成本是整个战略的主线。

以小米公司为例，小米公司在短时间内成长为全球第四大智能手机制造商，成本领先战略可以说是小米公司成功的最重要因素，具体体现在以下四个方面。

第一，生产外包低成本。由于智能产品快速迭代，移动互联网领域的创新创业公司都面临着急速变化的外部商业环境，企业如果选择自己建造生产线，资产专用性很高，沉没成本过大，因此外包是大多数移动互联网公司的最优选择。小米公司将硬件研发和生产线外包出去，以降低产品研发和制造成本，保持了快速增长的优势。

第二，运营成本低。运营成本优势主要体现在营销模式上。通过饥饿营销、微博营销、网络社区营销及口碑营销，小米公司避开了传统的各级经销商中介，创新了销售模式，以较低的营销成本实现了最大化收益，把"粉丝经济"体现得淋漓尽致，同时树立了较好的品牌口碑。

第三，供应链溢价。小米公司的产品实行网上订购销售，这种销售模式使小米公司能提前拿到部分货款。持有大额货款不仅增强了小米公司的议价能力，可以与供应链上游企业谈判以降低成本，还不会出现产品压货等供应链问题。

第四，"终端＋服务"布局。从终端到服务的布局体现了移动互联网行业价值链的成本优势。一方面，雷军作为知名创业者，其个人的知名度为小米公司降低了公关成本；另一方面，"雷军系"互联网企业对小米公司"终端＋服务"的布局有着积极的影响。

（一）成本领先战略的理论基础

第一，规模经济效应，即单位产品成本随生产规模增大而下降。

第二，学习曲线，指单位产品成本随累积产量增加而下降。这主要是因为随着产品累积数量增加，员工生产经验更加丰富，生产技术更加熟练，使劳动生产率提高，因而使单位产品成本下降。同时，随着产量的增加，员工被更加有效地组织起来，因而提高了劳动生产率，使单位产品成本下降。

（二）实施成本领先战略的条件

1.外部条件

第一，企业所处行业的产品基本上是标准化或同质化的，由于产品在性能、功能等方面几乎没有差异，影响消费者购买决策的主要因素就是价格，因此现有竞争企业之间的价格竞争非常激烈。

第二，企业产品的市场需求具有价格弹性。消费者对价格越敏感，就越倾向于购买低价产品，成本领先战略就越有吸引力。

第三，消费者的转换成本很低。当消费者从一个企业的产品转向另一企业的产品所承担的成本较低时，就容易转向选择同质量、价格低的产品。

2.企业自身条件

第一，设计一系列便于制造和维修的相关产品，彼此分摊成本。同时，要使该产品能为所有主要的用户服务，增加产品数量。

第二，企业要有足够的购买先进设备的前期投资，进行激进定价时要能承受初期的亏损，以夺取市场份额。

第三，低成本给企业带来高边际收益。企业为了保持低成本地位，可以将这种高边际收益再投资到新装备或现代化设施上。这种再投资方式是维持低成本地位的先决条件，以此形成低成本、高市场占有率、高收益和更新装备的良性循环。

第四，企业具有先进的生产技术，能降低制造成本。

第五，降低企业研发、商业服务、人员推销、广告促销等方面的费用支出。

第六，企业建立起结构化的、职责分明的组织机构，便于从上至下地进行最有效的控制。

（三）成本领先战略的优势

低成本企业在行业中有明显的优势：可以低价位与竞争对手展开竞争，提高市场占有率，获得高于同行业平均水平的收益；可以在与客户的谈判中争取到更大的生存空间；有较强的承受原材料价格上升的能力；可以依托低成本所形成的竞争优势，形成进入障碍，限制新的加入者；可以进一步削弱弱势产品的竞争力量。

具体而言，企业采用成本领先战略的主要益处表现在以下四个方面。

1.形成进入障碍

企业的生产经营成本低，可以对那些欲进入本行业的潜在进入者设置较大的进入障碍，使那些生产技术尚不成熟、经营上缺乏规模效应的企业很难进入此行业。低成本的领导者还处于一个比较好的位置，即当它感受到威胁时，可以采取降价策略，使新的竞争对手很难赢得顾客。低成本生产商的削价能力是新进入者的一个障碍，因为那些潜在的进入者如果真的进入这个市场的话，不可避免地要面对生产技术不成熟、品牌缺乏知名度、市场占有率低、生产经营规模不够大引起的总成本升高等问题。面对来自成本领先者的降价压力，新的进入者往往无力回击，所以其要进入此行业困难重重。

2.增强企业的议价能力

企业的低成本可以增强与供应者的议价能力，降低投入因素变化所产生的影响。同时，企业成本低可以提高对购买者的议价能力，对抗强有力的购买者。低成本可以为公司提供部分的利润保护，因为再强大的客户也很难通过谈判将价格降到仅次于卖方公司的存活价格水平。如果同样的产品在市场上以与竞争对手相同的价格出售，则意味着成本领先者可以给予销售商、代理商更多的利益，使销售商、代理商更乐意与之合作。

3.能有效应对来自替代品的威胁

成本领先者能应对替代品的威胁是因为替代品生产厂家在进入市场时会强调替代品的低价格，或者强调其优于现有产品的特性和用途。占据成本领先地位的企业在前一种情况下可以通过进一步降价以抵御替代品对市场的侵蚀；在后一种情况下，企业仍可占领一部分对价格更敏感的细分市场。

4.保持价格领先的竞争地位

在迎接竞争对手的挑战方面，低成本企业在下列方面处于有利地位：以价格为基础的竞争，利用低价格的吸引力可以从竞争对手那里挤占销售份额和市场份额；可以在竞争对手毫无利润的价格水平上保持盈利，在残酷的价格战中存活下来，并获得高于行业平均水平的利润；而高于同行的获利水平，使成本领先者可以在营销、研发上投入更多的资金，进一步打击对手，保持绝对的竞争优势地位。可见，如果市场上很多购买者对价格很敏感，而且价格竞争很激烈，那么低成本对于企业来说就是一种强大的防御力量。

（四）成本领先战略的风险

第一，生产技术的变化或新技术的出现，可能使投资的设备或之前的产品学习经验变成无效资源。

第二，行业中的新加入者通过模仿或者依靠对高新技术的投资能力，用较低的成本进行学习，以更低的成本参与竞争，后来者居上，致使企业丧失成本领先地位。例如，

20 世纪 70 年代初，阿迪达斯制鞋公司在跑鞋制造业占据统治地位，但到 1982 年，后起之秀耐克公司的产品已经占据美国跑鞋市场的 33%，而阿迪达斯制鞋公司的产品却降到了 20%。耐克公司成功的关键并不在于标新立异，而是卓有成效地模仿。

第三，由于采用成本领先战略的企业，其精力主要集中于降低产品成本，这样就可能影响其他方面的质量控制，并极少关注顾客的偏好和要求，这种价格低廉的产品可能并非顾客真正需要的，顾客也不一定喜欢。

第四，如果受到通货膨胀的影响，生产投入成本会增加，企业就不再具有价格优势，从而不能与采用其他竞争战略的企业竞争。

下面以 20 世纪 20 年代的福特汽车公司为典型例子来介绍成本领先战略带来的风险。福特公司曾经通过限制车型及种类、采用高度自动化的设备、积极实行后向一体化，以及通过严格推行低成本等措施取得成本领先优势。然而，当许多收入高、同时已购置了一辆车的买主考虑再买第二辆车时，他们开始偏爱具有风格的、车型有变化的、舒适的和封闭型的汽车而非敞篷式汽车。通用汽车公司看到了这种趋势，因而准备投资开发一套完整的车型。福特公司由于未把被淘汰车型的生产成本降至最低而付出了高额成本，这些投资成了一种障碍，使福特公司后期付出了极大代价。

因此，企业在实施成本领先竞争战略时，必须准确地估计市场需求状况及特征，努力将成本领先战略的风险降到最低。

（五）企业获得成本领先的有效途径

波特提出了获取成本优势的两种主要方法：一是控制成本驱动因素，企业可以研究在成本中占有重大比例的价值活动的驱动因素，以获得优势；二是重构价值链，企业可以采用不同的、效率更高的方法来设计、生产、分销产品。

1.控制成本驱动因素

控制成本驱动因素是指比竞争对手更有效地开展内部价值链活动，更好地管理影响价值链活动成本的各个因素，主要有以下几种。

（1）规模经济或不经济

价值链上某项具体活动常常会受到规模经济或规模不经济的约束。如果某项活动的开展存在规模大比规模小的成本更低的情况，或者企业能够将某些成本，如研究与开发的费用分配到更大的销售量之上，那么，企业就可以获得规模经济。对那些容易受到规模经济或规模不经济制约的活动进行科学的管理，是节约成本的主要方法。

（2）学习及经验曲线效应

开展某项活动的成本可能因为经验和学习的经济性而随时间下降。

（3）关键资源的投入成本

开展价值链活动的成本取决于企业购买关键资源所承担的成本。对于从供应商那里购买的资源或价值链活动中所消耗的资源，各个竞争厂商所承担的成本并不完全相同。一家企业对外购投入成本的管理通常是一个很重要的成本驱动因素。

（4）在企业内部同其他组织单元或业务单元进行成本分享

一个企业内部的不同产品线或不同业务单元通常共同使用一个订单处理和客户账单处理系统，使用相同的销售力量，使用相同的仓储和分销设施，依靠相同的客户服务和技术支持队伍。这种类似活动的合并和兄弟单位之间的跨部门资源分享可以在一定程度上节约成本。成本共享有助于企业实现规模经济，有助于企业缩短掌握一项技术的学习曲线，有助于企业更充分地发挥生产能力。

2.重构价值链

价值链是把企业视为各种相互分离但彼此相关的生产职能的集合。价值链分析的第一步是确定企业的价值链构成，然后通过与外部独立活动对比，确定每一项活动对企业整体价值的贡献。改造企业的价值链，省略或跨越一些高成本的价值链活动的主要途径有以下几种。

①简化产品设计，利用计算机辅助设计技术，减少零部件，使各种模型和款式的零配件标准化，转向"易于制造"的设计方式；

②削减产品或服务的附加，只提供基本无附加的产品或服务，从而削减多余的产品特色或服务；

③转向更简便、更灵活的技术过程，如计算机辅助设计和制造，既能兼容低成本生产模式，又能兼容定制产品需要的柔性制造系统；

④寻找各种途径来避免使用高成本的原材料和零部件；

⑤采用"直接到达最终用户"的营销和销售策略，从而削减批发商和零售商的成本费用和利润；

⑥将各种设施布置在更靠近供应商和消费者的地方，以减少入厂和出厂成本；

⑦再造业务流程，去掉附加价值很低的活动；

⑧加强客户关系管理，可通过线上线下多种方式同顾客建立联系。

二、差异化战略

　　差异化战略是指企业向市场提供与众不同的产品和服务，在全行业范围内树立起别具一格的经营特色，以满足顾客特殊的需求，从而形成竞争优势的一种战略。

　　企业采用这种战略主要是依靠产品和服务的特色，而不是产品和服务的成本。但这并不意味着企业可以忽略成本，只是强调这种战略目标的首要任务是形成差异，而非成本问题。另外，这里所讲的差异化并不是简单地追求形式上的特点与差异，实施差异化战略的关键是在消费者感兴趣的方面形成自身的特色。

　　产品或服务的特色可以表现在产品设计、生产技术、产品性能、服务、网络、商标形象等方面。当企业进行价格竞争，但不能达到扩大销售的目的时，实行差异化就可以培养顾客的品牌忠诚度，降低顾客对价格的敏感度。差异化战略是保证企业利润高于同行业平均利润水平的一种有效战略。

（一）实施差异化战略的条件

　1.外部条件

①存在着很多与竞争对手产品之间的差异，并且这种差异被顾客认为是有价值的；

②顾客对产品的需求是多种多样的，即顾客需求是有差异的；

③采用差异化战略的竞争对手较少，即能够保证企业是差异化的；

④企业技术变革很快，市场上竞争的焦点主要集中在不断推出新的特色产品上。

　2.企业须具备的内部条件

①企业具有很强的研究与开发能力，研究人员具有创造性的眼光；

②企业具有以产品质量或技术领先的声望；

③企业具有悠久的发展历史或吸收其他企业技能并自成一体的能力；

④企业具有很强的市场营销能力；

⑤企业各部门之间具有很强的协调性；

⑥企业具备吸引高新技术人才、创新型人才，以及其他专业技能人员的物质基础和良好氛围。

（二）差异化战略的优势

1.降低顾客的价格敏感程度

采用差异化战略时，顾客对产品或服务具有某种程度的偏好和忠诚，当这种产品的价格发生变化时，顾客对价格的敏感程度不高。竞争对手要获得这些差异性或者抵消这些差异性需要付出相当大的代价。生产该产品的企业便可以运用差异化战略在行业的竞争中形成一个隔离带，避免竞争者的直接影响。

2.形成进入障碍

由于产品极具特色，顾客对产品或服务具有很高的忠诚度，使产品和服务形成进入障碍。潜在的进入者要与该企业竞争，则需要克服这种产品或服务的独特性所造成的进入障碍。

3.增强议价能力

产品差异化战略可以为企业带来较高的边际收益，降低企业的总成本，增强企业与供应者讨价还价的能力。同时，由于购买者对价格的敏感程度降低，企业可以运用这一战略削弱购买者的议价能力。

4.防止替代品的威胁

企业的产品或服务具有特色，能够赢得顾客的信任，便可以在与替代品的较量中比同类企业处于更有利的地位。

（三）差异化战略的风险

差异化是一种十分有效的竞争战略，但并不能保证一定会创造有意义的优势。企业在实施差异化战略时主要面临两种风险：一是企业没能形成适当的差异化；二是企业在遭到竞争对手的模仿和进攻时，没能保持差异化。具体表现在以下几个方面。

1.不适当的差异化

不适当的差异化主要表现在：①没有正确理解或者确定购买者认为的有价值的东西。如果购买者满足于基本的产品，认为"附加"的属性并不值得支付更高的价格，在这种情况下，采用低成本战略的生产商就可以击败采用差异化战略的生产商；②忽视及时向消费者宣传差异化的价值，仅仅依靠内在产品属性来获得差异化；③过度的差异化使产品的价格相对于竞争对手来说太高，或者差异化属性超出购买者的现实需求。

2.差异化的成本过高

如果企业实现差异化的成本很高，就会形成较高的销售价格。如果这种价格超过了顾客的承受能力，顾客就会放弃差异化产品的诱惑，转而选择物美价廉的产品。这时，实行低成本战略的企业就会占据竞争优势。

3.竞争对手的模仿

竞争对手模仿差异特性，或使差异趋同化，顾客就感受不到产品个性化带给他们的差异，差异的优势就会慢慢消失。因此，企业在实行差异化战略时，要高度关注差异特性的模仿难度和持久性。最典型的例子是我国的 VCD 大战，由于该行业的技术易被掌握，行业发展速度较快，生产企业之间相互模仿，导致市场上产品雷同，直接引发了激烈的价格战。

4.差异化的竞争和转移风险

竞争对手推出更具差异化特性的产品后，企业的原有购买者可能转向竞争对手。

（四）企业获得差异化的有效途径

1.产品差异化

产品差异化主要是指有形产品的差异化。产品差异化的主要因素有特征、工作性能、一致性、耐用性、可靠性、易修理性、式样和设计。例如，产品质量及可靠性差异化是指企业向市场提供竞争对手没有的高质量、高可靠性的产品。高质量的产品在出现意外故障时，也不会完全丧失其使用价值。这方面的典型例子是奔驰汽车公司，该公司每年用 30 辆新车以最高速度碰撞专设的钢筋混凝土水泥板，测试车内模拟人的损坏情况，以不断提高汽车的安全可靠性。尽管奔驰车的售价比一般汽车售价高出很多，但其安全可靠性确实比其他品牌的汽车好。

2.服务差异化

除了在有形产品方面实现差异化，企业还可在服务方面实现差异化。尤其是在难以突出有形产品的差异化时，服务的数量与质量往往成为竞争取胜的关键。服务的差异化主要包括送货、安装、顾客培训和咨询服务等因素。例如，全球最大的建筑机械制造企业——美国卡特彼勒公司就非常重视与产品相关的服务，其经典的经营口号就是"不论世界任何地方，保证 24 小时之内将备件送货上门，否则将给予顾客赔偿"。再如，海尔集团的成功也与其售后服务的完善密切相关。

3.人员差异化

企业可以通过雇佣、培训比竞争对手更优秀的员工，来赢得强大的竞争优势。例如，新加坡航空公司的航空小姐美丽优雅；麦当劳的员工十分有礼貌；IBM 公司的员工技术水平很高；迪士尼公司的员工态度非常友善等。

4.形象差异化

形象差异化是指在产品的核心部分与竞争者雷同的情况下塑造不同的企业或产品形象，以获得差别优势。企业需要树立一个鲜明、有力的形象来开展创新工作，同时需要利用一切可以利用的手段将特定信息不断地传递给公众，反复强化，最终使市场认同企业及其产品。形象差异化的集中体现是品牌。品牌由产品的一系列无形属性组成，包括品牌名称、包装、价格、历史、声誉及广告方式等。品牌是社会对产品及企业整体的评价是企业实力和市场地位的象征，一个产品一旦成为知名品牌，既可以给企业带来利益，也可以给国家带来荣誉。企业应努力塑造形象良好的品牌，以获取竞争优势。

三、集中化战略

集中化战略又称聚焦战略或专一战略，是指企业根据特定消费群体的特殊需求，将经营范围集中于行业内的某一细分市场，以充分发挥企业有限资源的效力，在某一局部超过其他竞争对手，建立竞争优势的一种战略。

严格来讲，集中化战略并不是一种独立的竞争战略。因为一些企业受自身资源与能力的制约，无法在整个市场上取得成本领先优势或差异化优势，而对前述两种战略进行折中处理，即形成了特殊的成本领先战略和特殊的差异化战略。

集中化战略与成本领先战略和差异化战略不同的是，一般的成本领先战略与差异化战略着眼于整个市场、整个行业，从更大的范围谋求竞争优势。而集中化战略则把目标放在某个特定的、相对狭小的领域，在局部市场争取成本领先优势或差异化优势，即形成集中成本领先战略或集中差异化战略，以此建立竞争优势。一般来说，中小型企业多采用这一战略。

集中化战略能更好地满足顾客的特定需求而获得差异化优势，能在为目标顾客服务的过程中降低成本。总之，集中化战略的精髓在于比竞争对手更好地服务于目标市场中的购买者，从而成为小市场中的巨人。

（一）实施集中化战略的条件

企业实施集中化战略的关键是选好战略目标，一般原则是：企业要尽可能地选择那些竞争对手最薄弱的区域和最不易受替代产品冲击的区域。不管是以低成本为基础的集中化战略，还是以差异化为基础的集中化战略，都应满足下列条件：

①目标市场足够大且可以盈利，或者小市场具有成长潜力；

②企业的资源或能力有限，不允许选定多个细分市场作为目标市场；

③在同一目标市场中没有其他的竞争对手时采用这一战略；

④公司拥有足够的能力和资源，能在目标市场上站稳脚跟；

⑤公司凭借其建立起来的品牌形象来抵御行业中的竞争者。

（二）集中化战略的优势

同其他战略一样，集中化战略也能在本行业中获得高于一般水平的收益。主要表现在以下三个方面。

第一，集中化战略便于集中整个企业的力量和资源，更好地服务于某一特定的目标市场，抵御外部竞争者。

第二，将目标集中于特定的部分市场，企业可以更好地进行调查研究，以了解竞争对手与产品有关的技术、市场、顾客等方面的情况。

第三，战略目标集中明确，经济成果易于评价，战略管理过程也容易控制，从而带来管理上的便利。

可见，根据中小型企业在规模、资源等方面的特点，集中化战略对中小型企业来说可能是最适宜的战略。

（三）集中化战略的风险

实施集中化战略也有相当大的风险，主要表现为以下三个方面。

第一，由于企业全部力量和资源都投入一种产品或服务上，当顾客偏好发生变化、技术出现创新或有新的替代品出现时，就会导致这部分市场对产品或服务的需求下降，企业就会受到很大冲击。

第二，如果竞争者打入了企业选定的部分市场，并且采取了优于企业的集中化战略，企业将会面临严峻的竞争态势。

第三，由于狭小的目标市场难以支撑较大的市场规模，所以集中化战略可能带来高成本的风险，而使企业集中化战略失败。

因此，企业选择集中化战略时，应在产品获利能力和销售量之间进行权衡和取舍，有时还要在产品差异化和成本状况间进行权衡。

（四）企业获得集中化优势的有效途径

1.产品线的重点集中战略

对于产品开发和工艺装配成本较高的行业，部分企业可以将产品线的某一部分作为经营重点。例如，我国民营企业万向集团始终以生产汽车产品的零配件——万向节为主。

2.用户重点集中战略

用户重点集中战略即企业将经营重点放在有特殊需要的顾客群上。有的厂商以市场中的高收入顾客为重点，产品集中供应给注重质量而不计较价格的顾客，例如，手表业中的劳力士、时尚业中的路易威登等，都是以品质为特色，对准高收入、高消费的顾客群；又如，当耐克公司基本控制跑鞋市场时，阿迪达斯公司则集中力量开发 12～17 岁青少年需要的运动鞋，与耐克公司展开竞争。

3.地区重点战略

地区重点战略即按照地区的消费习惯和特点来细分市场。例如，青岛海信集团针对农村电压不稳而生产的宽电压电视机，提高了产品在农村市场的占有率；海尔集团则根据西南地区农民用洗衣机洗地瓜的特点，开发出既可洗衣又可洗地瓜的洗衣机。这些企业实施的都是地区重点集中战略。

第二节　不同行业中企业的竞争战略

行业是企业竞争的重要环境，不同的行业有不同的集中程度及不同的国际竞争条件。因此，企业在选择基本竞争战略以后，还要根据自己所处行业的特性，考虑如何面对行业中的竞争对手，扩大自己的竞争优势。下面根据行业的特点，以及行业生命周期的不同阶段，探讨企业的战略抉择与实施问题。

一、新兴行业中的竞争战略

新兴行业是指由于技术创新、新的消费需求的推动，或其他经济、技术因素的变化，促使新产品、新服务或潜在经营机会产生而逐渐形成的行业。目前，国内外正在形成的一些高新技术行业就属于新兴行业，如电子信息、生物医药、纳米技术、新型能源等行业。不过，新兴行业是由部分先驱性企业创造出来的，如苹果公司创造出计算机微机行业，施乐公司创造出复印机行业等。

从战略制定的角度看，新兴行业的基本特征是没有规则，行业内的竞争问题必须依靠健全的规则加以解决，以便企业可以遵循并在这些规则下获得发展。缺乏竞争规则，对企业而言既是一种机会，也是一种风险。

（一）新兴行业的特点

1.技术的不确定性

新兴行业通常存在一定程度的技术不确定性。因为企业的生产技术还不成熟，有待继续创新和完善；企业的生产和经营也没有形成一整套的方法和规程。什么产品结构是最好的，何种生产技术是最有效的，这些问题都不能确定。

2.战略不确定性

与技术不确定性相联系，新兴行业存在战略不确定性。因为行业内的竞争对手、顾客特点和行业条件等相关信息较少，企业不能准确地知道竞争者是谁，也不能经常得到可靠的行业销售量和市场份额等信息。所以在产品市场定位、市场营销和服务等方面，不同的企业经常采用不同的战略，有些战略还没有被行业认可。

3.初始成本高但生产成本会迅速下降

新兴行业存在着较高的初始成本，这是因为生产企业的产量较低，没有可行的学习曲线来降低成本。然而，随着生产过程和工厂设计的改进、工作熟练程度的提高、销售额的增长，企业规模与累积产量会大幅度增加，企业的生产效率也会大幅度提高。相应地，生产成本也会迅速下降。

4.行业发展具有一定的风险性

在新兴行业中，许多顾客是新购买者。在这种情况下，企业市场营销的中心活动是诱导他们的初始购买行为，避免顾客在产品的技术和功能等方面与竞争对手的产品发生混淆。同时，还有许多潜在顾客对新兴行业的产品和服务持观望态度，新一代技术能否迅速发展，能否取代现有产品和服务都是未知的。顾客也期待产品的成熟以及技术和设计方面的标准化，以期进一步降低销售价格。因此，新兴行业的发展具有一定的风险性。

（二）新兴行业中的企业可能面临的问题

1.原材料和零部件的供应能力较弱

新技术和新产品的出现，往往要求开辟新的原料供应渠道，或要求现有的供应者扩大其规模，并改进其供应品的质量，以符合企业的要求。但一般来讲，企业往往会在获得原材料及零配件等方面遇到困难，因而导致供应不足。

2.缺乏生产基础条件及设施

首先，企业缺乏技术熟练的工人，技术协作、服务设施及销售渠道等方面较难配合好；其次，由于缺乏产品及技术标准，原材料和零配件都难以实现标准化；最后，新产品的质量不稳定，可能对企业形象造成不利影响。

3.产品销售困难

用户对新产品或服务了解不多，在购买时往往持观望态度。有的用户要等到产品技术更成熟、产品基本定型、质量和性能更稳定、价格有所下降以后才考虑购买。在新产品开始生产时，由于产品成本较高，企业可能处于亏损状态。在新产品投入市场，与老产品竞争时，也必然面临重重考验。

4.企业运作难度较大

企业所在的市场是全新的，行业的运作方式、行业的成长速度，以及行业的未来容量和规模还有很多的不确定性。企业必须竭尽全力获取有关竞争对手、用户，以及用户对产品的体验等方面的信息。

（三）新兴行业中企业的战略选择

新兴行业具有不确定性，行业内缺乏竞争规则，行业结构也处于不稳定状态，从而为企业的战略选择提供较大的自由空间。一般来说，率先进入新兴行业的企业具备左右行业走向的可能性，所以新兴行业的战略选择极为重要。一般应考虑以下几方面。

1.选择拟进入的新兴行业

在科技飞速发展的 21 世纪，企业可选择的新兴行业非常多。企业在选择进入新兴行业之前，要科学地进行分析。首先，企业要根据自身的内部条件及外部环境，初步确定有可能进入的几个新兴行业；其次，对备选的新兴行业的技术要求、产品开发、市场及竞争状态进行预测分析；再次，根据企业自身条件，评价每个方案的可行性和可接受程度；最后，确定本企业应当进入的新兴行业。

需要强调的是，分析新兴行业时不能只从新兴行业初始的技术、产品、市场及竞争结构是否有吸引力出发，而应当从充分发展后的行业结构是否能为企业发展提供较好的机会和较高的收益角度出发。由于一个行业当前发展很迅速、盈利率高、规模正在逐渐扩大，因此大量企业决定进入这一行业是常见的行为。但是，企业进入行业的决策最终必须建立在对行业结构进行充分分析的基础上。

2.目标市场的选择

新兴行业中的企业在经营时，所面临的第二个问题就是市场细分和目标市场的选择。企业在市场开发方面应考虑以下因素。

（1）顾客的需求

顾客之所以要购买新产品，部分原因是新产品优于其原来使用的产品，顾客能从中得到效益。这里的效益主要表现在两个方面：一是性能上的效益，即新产品性能优于顾客原来使用的产品；二是费用上的效益，即使用新产品的费用支出低于原来产品的费用支出。新产品的最早购买者通常是那些性能上能得益的顾客，因此首先应开发那些对新产品性能感兴趣的顾客，然后再扩大到那些在费用上得益的顾客。

（2）顾客的技术状态

顾客能否从早期的新产品中得益，取决于顾客应用新产品的技术状态。某些顾客仅仅使用新产品的基本功能就能获益匪浅，而另一些顾客却需要更复杂的结构和更完善的功能。因此，企业要确定针对哪些顾客的技术状态去开发新产品。

（3）转变费用和辅助设施

企业开发新产品会增加一些开支，如重新培训雇员的成本，购买新辅助设备的成本，变卖旧设备的损失等。企业在开发新产品时应考虑上述因素，不同企业开发新产品时所面临的转变费用和需要添置的辅助设备是不尽相同的。

（4）对技术和产品过时造成损失的态度

对一些高科技企业来说，企业的技术进步非常迅速，因而它们所使用的技术和设备也随着科技进步而不断更新，这些企业认为只有不断更新技术和设备，才能具有有利的竞争地位。而其他企业却可能认为产品的过时或技术的变革对自己是一种威胁和损失，因此高科技企业会借助新技术早早地投入生产、销售，其他企业则会持观望态度，慎重考虑进入市场的时机。企业在进行技术创新时应考虑上述因素，找准自己的目标市场。

（5）使用新产品导致失败的代价

企业要把新产品应用到整个技术系统中去，而该技术系统因使用该产品不能取得预期效果，会引起很大损失，这时企业一般不会随意开发新产品。另外，不同企业购买决策者的价值观不同，对风险的承受力也各不相同。

3.进入新兴行业时机的选择

企业进入新兴行业的一个重要问题是进入时机，进入得早，企业承担的风险就大，相关成本也更高，但是进入障碍会小一些，也会获得较大的收益。一般来讲，当消费者重视企业形象和信誉，同时企业能够因为是行业的开创者而获得较高的声誉时，企业可以较早地进入；当行业的经验曲线效应强、较早进入能引导和诱发学习过程、经验不容易被对手模仿，也不易因后续技术发展而被替代时，企业可以较早地进入；当能较早与供应商及分销商建立关系，获得明显的成本优势时，企业应争取较早地进入。

但是，新兴行业的早期进入者也会面临巨大的风险。例如，初期的竞争和市场细分可能会与行业发展的情况不一致，企业在技术与产品结构等方面如果投资过大，在转变时就要付出高额的调整费用。技术变更也会使先进入的企业投资过时，而后进入者则可能拥有最新的技术和产品。

4.正确处理与新兴行业后进入者的关系

新兴行业的先进入者由于投入了较多资源而在市场上享有领先地位，如何对待后进入者又是一个重要的决策问题。先进入者作出强有力的反击是可以的，但未必是上策；容忍后进入者进入也是可以的，先进入者可以从后进入者开发的技术、开拓的市场、拓宽的销售渠道中得到好处，但也可能使后进入者坐享现成果实，从而影响先进入者的竞争地位。面对上述可能存在的风险，先进入者应权衡利弊，寻求恰当的对策。当然，由于新兴行业具有不确定性，因此先进入者也可以接受其他竞争者，并与之在技术、生产、市场划分等各方面进行合作，同行业内竞争者之间互利合作会使整个行业发展得更快，对企业也许更加有利。

二、成熟行业中的竞争战略

成熟行业是指由于行业竞争环境的变化，行业增长速度放缓，技术和产品都趋向成熟的行业。任何一个行业，随着时间的推移，或早或迟都会进入成熟期。此时，市场开始使用新的资源配置方式，会使得成熟行业的竞争环境和竞争方式发生巨大变化，企业必须对原有的经营战略进行调整，以适应市场的变化。

（一）成熟行业的特点

1.产品技术成熟

成熟行业的产品技术成熟是指企业已掌握了产品制造和供应的技术。由于行业增长速度缓慢，技术更加成熟，购买者选择企业产品时就会更注重企业所提供产品的价格及后续服务的质量。

2.行业增速下降导致争夺市场份额的竞争加剧

进入成熟期后，行业产量或行业销售量的增长速度下降，各企业要想保持其增长率，就必须尽力扩大其市场占有率，这会导致行业内的企业竞争加剧。在成熟期内，行业内部会形成两方面的竞争：一是对缓慢增长的新需求的竞争；二是对现有市场份额的竞争。竞争的加剧要求企业对市场占有率、市场地位等目标进行重新定位，并重新分析评价竞争对手的反应及行动——竞争者可能变得更具攻击性，也可能采取非理性的竞争行动。广告战、价格战等在成熟行业是常见的。

3.行业盈利能力下降导致企业裁减过剩的生产能力

行业增长速度下降及买方市场的形成使得行业内企业盈利能力下降，中间商的利润也受到影响。但是，如果企业未对在成长期实行的增加生产能力和增加人员的发展型战略作出调整，就会出现企业投资过量、生产能力及人员冗余、生产设备闲置等情况，一些企业就会考虑裁减部分过剩的生产能力。

4.新产品开发的难度迫使企业调整相应职能

当行业已经成熟定型时，新产品的开发及产品新用途的开发难度会大大增加，如果企业的产品在技术、性能、系列、款式、服务等方面不断有所变化，那么成本及风险也会相应增加，此时需要企业认真研究和调整自身的策略。企业在产量上不可能再有急剧的增长，而是要在节约成本、提高质量上下功夫，要进一步在市场渗透和市场开拓方面争取有新的突破，同时在销售渠道及促销策略上也要有所调整。总之，行业进入成熟期，企业的各方面策略都必须进行相应的调整，否则就会给企业的生存和发展带来威胁。

5.国际竞争激烈，导致企业间兼并和收购现象增多

一旦国内行业处于成熟期，企业都会不约而同地把自己的产品销往国际市场，推动行业进一步走向成熟。在激烈竞争的市场格局中，为了提高自己的竞争力，许多企业利用自身优势，进行兼并和收购，形成了越来越多的企业集团，这在一定程度上又逼迫实力相对弱小的竞争者退出该行业的竞争或调整竞争策略。

（二）成熟行业中企业的战略选择

处于成熟行业中的企业，必须针对这一行业中独有的特点，审时度势，制定并实施能够培养和巩固竞争优势的战略。

1.合理选择使用三种基本竞争战略

在以价格竞争为主要手段、以市场份额为目标的成熟行业里选择竞争战略时，对各种不同产品的生产规模进行量本利分析，并在此基础上组合使用基本竞争战略是十分必要的。企业应该压缩获利能力低的产品的产量，将生产和经营能力集中到利润高或者有竞争优势的产品上。对于订单批量小的产品，采用差异化战略或集中化战略是有利的；对于订单批量大的产品，则更适合采用成本领先战略。

2.合理调整产品结构

行业进入成熟期后，产品的特色逐渐减少，价格也会逐渐下降，此时就需要进行产品结构分析，淘汰部分亏损或不赚钱的产品，集中生产那些利润较高、用户急需的产品，努力使产品结构合理化。实际上，在行业进入成熟期前，企业就应当把注意力放到产品的结构调整上，及时开发新系列和新用途的产品，只有这样才能避免企业在行业成熟后陷入被动。

3.工艺创新和改进

随着行业逐渐发展成熟，企业要注重以生产为中心的技术创新。企业应当通过创新活动推出低成本的产品设计、更为敏捷的工艺和制造方法、更低成本的营销方式，力争在买方价格意识日益增强的市场中，培养独特的核心竞争力，以期获得更多的利润。

4.培养顾客忠诚度，维系并发展顾客关系

在行业进入成熟期后，市场竞争格局趋于均势，企业很难在短期内通过打击竞争对

手的方式来提高自身市场份额。在这种情况下，企业应该采用更为有效的营销手段，最大限度地体现顾客至上的原则，提高顾客满意度，培养顾客忠诚度。同时，企业也应开拓新的细分市场，以扩大购买顾客的规模，在留住老顾客的同时，争取大批新顾客。

5.向相关行业转移

企业进入成熟阶段后，采取战略转移是一种十分有效的方式。如当企业感到继续留在成熟的产业中已经无利可图或只有微利时，既可以采取转让、兼并等退出战略，也可以采用多元化战略，在努力避开产业内的激烈竞争而不脱离本行业经营的同时，进入其他领域。这样做可以有效分散市场带来的系统风险，积极拓宽经营渠道，寻找新的利润增长点。

6.实施国际化经营

随着国内市场的日益成熟，企业可以积极开拓国际市场。由于各个国家内部市场的发展状况不一致，国内市场饱和的产品在国外市场可能拥有巨大的需求。同时，企业也可以把生产线向不发达国家和地区转移，以降低生产成本和费用，提高产品的国际市场竞争力。

（三）成熟行业中企业战略选择应注意的问题

1.对企业自身的形象和产业状况存在错误的认识

处于成熟行业中的企业往往自我感觉良好，经常陶醉于增长期时企业所取得的经营业绩，未觉察到产业已经进入成熟期，而实际上此时成熟行业中的顾客和竞争者的反应都发生了根本性的变化。如果企业仍以过去的策略进行经营，必然陷入困难的境地。

2.防止盲目投资

成熟产业中的企业要维持或提高利润需要很长时间，对于在成熟的市场上投入资金来提高市场份额可能是极为不利的。因此，成熟的产业可能是投资的陷阱，当一个企业的市场地位并不强势但企图在成熟的市场上获取更大的市场份额时，更是如此。

3.不要为了短期利益而轻易地放弃市场份额

行业进入成熟期的中后期时，企业经营难度加大，不可预测的因素增多，出现一段微利甚至亏损时期都是正常的。对此，企业不应过度反应，不要轻言放弃，而应该练好"内功"，以不变应万变。有些企业可能会为了眼前利益而改变经营策略，为了节省开支，轻易地放弃市场份额或放弃对市场活动、研究开发活动等的投资，以图保持目前的利润。这种做法将动摇企业未来的市场地位，使企业在市场行情好转时陷入被动。

4.企业应避免过多地使用过剩的生产能力

行业进入成熟期后，相当多企业的生产能力会过剩，这种过剩生产能力的存在会给企业经营者造成压力，一些经营者想充分利用这些过剩生产能力，导致企业进一步增加投资，最终造成战略上的失败。因此，企业管理者要对过剩的生产能力进行分析，分析其转产或代加工的可能性，为企业赢得利润，改变亏损的局面。

三、衰退行业中的竞争战略

在产品的生命周期中，衰退阶段的特点是利润锐减，产品种类减少，研究、开发及促销费用减少，竞争对手减少。大部分企业退出了市场，行业中只剩下几家大公司和一些"拾遗补缺"者。

从战略分析的角度看，衰退行业主要是指在相当长的一段时间里，行业中产品的销售量持续下降的产业。这种衰退也许是缓慢的，也许是快速的。销售量可能会下降到零，也可能在一个低水平上持续许多年。这种衰退不是由经营周期或者一些短期例外事件造成的，而主要是由于技术革新创造了新产品，或是因为显著的成本与质量的变化而产生了替代产品，或者由于社会或其他原因改变了顾客的需求和偏好，使顾客对某种产品的需求有所下降。

（一）衰退行业的特点

1.行业的产品需求下降

任何产品都有其生命周期，再好的产品也会随着技术进步、替代产品的出现或者政治、经济、社会等外在条件的变化逐渐淡出市场。主要表现为：新技术和新工艺代替了落后的技术和工艺，原有的产品功能无法满足消费者需求，导致消费者对传统产品的需求减弱；生活水平的提高使消费者偏好发生转移，从而引起行业的衰退；企业的生产不符合国家的产业政策，被迫退出市场等。

2.行业衰退情况的不确定性

当销售额和销售利润缓慢减少时，如果企业认为需求有可能回升，将会继续保持其市场地位，在该行业中继续经营；如果企业确信行业需求将继续衰退，则要转移其生产能力，有步骤地退出该经营领域。但企业有时难以判断行业是平缓衰退，还是由经济的周期性波动所造成的短期衰退，从而难以采取适当战略。

3.形成新的市场需求结构

在行业总体衰退的情况下，企业原有的一个或几个细分市场需求仍保持不变，甚至会因其他细分市场的变化而导致这些细分市场的需求有所增加。因此，在衰退行业中，企业应该选择有吸引力的细分市场，使企业获得竞争优势。

（二）衰退行业中企业的战略选择

处于衰退行业中的企业，选择是去是留是制定战略要考虑的重要问题。选择战略时需要结合行业结构与企业实力来作出决定，具体战略有四种。

1.领先战略

领先战略是指企业凭借自身较强的实力，利用衰退产业的有利之处，通过面对面的竞争，成为产业中保留下来的少数甚至唯一的企业。这类企业拥有平均水平以上的利润潜力，能形成一个较优越的市场地位，以此使企业在行业中处于领先或支配地位。为做到这一点，企业还要进行一定的投资，当然这种投资是要冒较大风险的，需要企业收集尽可能多的信息，认真做好可行性分析。

2.合适地位战略

实施合适地位战略的企业首先要认清，衰退行业中的某一部分市场仍有一定的需求，并且还能从这部分需求中获得较大的收益，企业应当在这部分市场中建立起自己的地位，以后再视情况考虑进一步的对策。这样虽然需要追加一部分投资，但投资规模及风险较小。

3.收割战略

收割战略是指实施有效的投资，从优势中获利。采用收割战略，企业会力图优化业务现金流，取消或大幅度削减新的投资，在后续销售中从业务拥有的残留优势上谋取利益或从过去的商誉中获利，以提高价格。选择收割战略的前提是拟退出企业拥有某些方面的行业竞争优势，同时衰退阶段的行业环境不至于恶化，此时从管理的角度看，该战略是比较有利的。

4.快速放弃战略

实施快速放弃战略的条件是企业自身的实力有限，而行业的不确定性较大，退出障碍较大。这种战略的依据是，在衰退阶段的早期出售这项业务，企业凭借此业务获得最大收益。这是因为出售这项业务越早，资产市场需求没有饱和的可能性就越大，企业出售这项业务就能获得最大的利益。因此，在某些情况下，在衰退阶段前或在成熟阶段放弃某项业务可能是明智的。一旦衰退趋势明朗，产业内部和外部的资产买主就将处于一个非常有利的讨价还价地位，那时再出售该业务则为时已晚。当然，早期出售业务，企业需要承担预测失败的风险。

（三）衰退行业中企业战略选择应注意的问题

1.不能客观地分析衰退行业的形势

可能是由于行业的长期存在，或者对替代品认识不清，或者行业有较高的退出壁垒，一些企业经营者不能实事求是地估计和预测周围环境。不利的信息对管理者来说是十分痛苦的，他们总是寻找有利的信息，因此很多企业经营者总是根据以往的经验，对衰退行业的复苏过于乐观，甚至不听周围人的劝告，这是十分危险的。本来在早期发现危机还可以挽救的企业，由于经营者判断失误，很可能就错过了最佳挽救时机。

2.应避免打消耗战

如果企业实力较弱，则应在发现行业进入衰退期时立即采取行动，迅速退出，若与行业内的竞争者一味竞争下去，那么不仅本企业不会获得有利位置，还会给企业带来灾难，因此企业应尽量避免打消耗战。

3.应谨慎采用逐步退出战略

当企业没有足够的实力时，采用逐步退出战略会让企业陷入崩溃。一旦市场或服务状况恶化，或者行业内已有一两家企业退出该行业，则整个行业的经营状况便可能急转直下，企业会很快地转移他们的业务，还可能被迫降低产品售价。因此，企业要权衡自己的实力与管理上的风险，谨慎采用逐步退出战略。

另外，在衰退行业中的企业也不能消极地只看到其中的威胁，因为在某些行业中也存在着新的发展机会和振兴条件，利用好这些机会和条件，也有可能使企业获得新生。

四、零散行业中的竞争战略

零散行业是社会主义市场经济的重要组成部分，在这种行业中，竞争企业很多，行业集中度很低，没有任何一家企业占有显著的市场份额优势，也没有任何一家企业能对整个行业的发展产生重大影响，即不存在能左右整个行业活动的市场领袖。一般情况下，零散行业由若干竞争力相近的中小规模企业组成，存在于众多经济领域，如服务业、零售业、餐饮业、服装制造业等。

（一）造成行业零散的原因

分析行业零散的原因是企业制定竞争战略的基础。造成行业零散的原因很多，但主要原因是行业本身的基本经济特性。

1.进入壁垒低或存在较高的退出障碍

进入壁垒低的行业只要表现出一定的获利潜力，就会形成较大的吸引力，以至于绝大多数投资人和资本都可以轻易地进入该行业，特别是对新的进入者而言，进入壁垒低使他们能以小额资金的形式进行创业尝试。如果行业存在较高的退出壁垒，则收入持平的企业倾向于在行业中维持经营。

2.多种市场需求使产品高度差异化

在某些行业中，顾客的需求是有差异的，不愿意接受标准化的产品，并愿意也能够为此付出一定代价。这种需求的多样性在日常消费行业中表现得尤为明显，如餐饮、理发、时装等行业。另外，市场需求的区域差异也会形成零散需求。因此，需求零散导致产品高度差异化，顾客对某一特定产品的需求量很小，不足以支持大规模的生产、营销，也不利于大企业发挥优势。

3.不存在规模经济或经验曲线

大部分零散行业在其运营活动的每个主要环节，如研发、生产、销售等都不存在规模经济或经验曲线。有些行业即使存在规模经济，也由于各种原因难以达到经济规模而不能实现。例如，在水泥、化工行业，高运输成本限制了高效率企业的发展规模及生产地点，决定了其市场及服务范围，抵消了规模经济性。由于库存成本过高或市场销售不稳定，企业产量发生波动而不能实现规模经济，此时，这些行业中规模较大的企业其灵活性就不如小规模、低专业化的企业。

（二）零散行业中企业的战略选择

在很多情况下，产业零散确实是由产业不可克服的经济原因造成的。在零散行业中，不仅存在许多竞争者，企业也处于对供应商和销售商不利的地位。因为每一个行业都有其不同点，所以没有一种通用的、最有效的战略方法指导企业在零散行业中进行竞争，但是存在数种可能的战略方法，企业应视具体情况采用相应的方法。

1.建立有集中控制的连锁经营

企业运用这种方法主要是为了获得成本领先的战略优势。连锁经营可以改变不合理的分散布局，形成规模经济。通过建立区域性的配送中心，降低供产销环节的成本，从而形成竞争优势。但在连锁经营中，首先要强调集中统一协调的管理，这样可以使连锁企业分享共同的管理经验和市场信息；同时，要给参加连锁的企业一定的经营自主权，以适应地区化的差异，降低企业的经营风险。

2.分散布点，特许经营

在零散行业里，企业要获得差别化优势，多采取特许经营的方式，获得竞争优势。在特许经营中，一个地方性企业的管理者常常既是所有者又是经营者，会有很强的事业心，在管理该企业时，他们通常致力于保持产品和服务质量，满足顾客的需求，形成差别化优势。特许经营还可以减轻企业迅速增加的财务开支压力，让企业在大规模广告投入及分销、经销中获得经济效益，使企业快速成长。

3.增加产品或服务的附加价值

许多零散行业的产品或服务是一般性的商品，其本身获得差异化优势的难度较大，在这种情况下，增加产品或服务的附加价值是一种有效的战略。例如，在营销中提供更多的服务，在产品最后加工环节或在产品销售给顾客之前对零部件进行分装或装配等，以此增强产品或服务的针对性或实用性，使产品产生更高的附加价值。另外，还可以采取前向一体化整合营销策略，更好地控制销售条件，以增加产品的附加价值。

4.产品类型或产品部分专门化

如果造成产业分散的原因是产品系列中存在多种不同产品，那么集中力量专门生产其中少数有特色的产品是一种有效的战略选择。它类似于集中化战略，是让企业扩大产品生产规模，从而增强企业对供应商的议价能力。

5.顾客类型专门化

企业专注于行业中部分特定顾客也可以获得潜在收益。这些顾客因为购买量小，讨价还价能力弱或对价格不敏感，需要企业为其基本产品和服务提供附加价值。像生产专门化产品一样，顾客类型专门化可能会限制企业的发展，但企业也有可能获得更高的利润率。

6.地理区域专门化

有些企业在行业内无法获得足够的市场份额或不能在全国范围内实现规模经济，但在某一地区却能获得竞争优势，其方法是集中设备、集中注意力进行市场营销和销售活动，如选择更有效率的广告，使用唯一的经销商等。例如，在食品行业，区域覆盖战略的效果非常好，尽管存在一些大型企业，但食品行业仍具有零散行业的特点。

（三）零散行业中企业战略选择应注意的问题

处于零散行业中的企业在采用上述战略时，若未能注意到零散行业特有的性质，就可能导致经营失败。因此，企业在选择和实施战略时应注意以下问题。

1.避免寻求支配地位

零散行业的结构及特点决定了企业寻求支配性地位是无效的，除非该企业可以从根本上改变行业集中度。形成行业零散的基本经济原因导致企业在增加市场份额时，要面对产品生产效率低下和产品失去差异性等问题，同时还要顾及供应商和顾客的各种想法。企业要想在零散行业中占据绝对优势，反而会让自身的竞争力量变弱。

2.避免全面出击和避免随机性

在零散行业中，企业要面向所有顾客生产各种产品和提供各种服务是非常困难的，也很难获得成功，反而会削弱企业的竞争力。另外，企业在战略的实施过程中，不可随意调整以往的资源配置方式。在短期内，频繁地调整资源配置方式可能会有一定的效果，但从长期来看，战略执行过于随意，会造成资源浪费，削弱自身的竞争力。

3.管理上不要过分集权

零散行业的基本特点是特别强调人员的服务质量，注重与地方及社区组织保持紧密联系，倡导提供近距离服务，对顾客需求变化能及时作出反应等。而集权式组织结构易造成反应迟钝、效率低下等问题，从而削弱企业的竞争力。对零散行业中的企业来说，集中控制是必要的，但集权的组织结构是不合适的。

4.避免对新产品作出过度反应

在零散行业中出现的新产品，通常在开始阶段效益较好，盈利率较高。但是行业的进入壁垒并不高，导致许多企业误认为市场有巨大的需求潜力，于是便投入大量资金跟进生产。这种过度反应会导致行业内部的竞争愈发激烈，此时顾客有机会利用行业内的竞争进行讨价还价，导致这种新产品很快进入成熟期，利润也迅速下滑，企业投资所期望得到的收益就可能落空。因此，如果对零散行业内出现的新产品反应过激，企业就会付出很大的代价，可能在竞争中处于十分不利的地位，致使经营风险增大。所以，零散行业中的企业应恰当地对新产品作出反应。

第三节　同一行业中不同
竞争地位的企业竞争战略

一般来讲，根据企业在目标市场上所占份额的大小，可将企业分为行业领导者、一般企业和弱小企业等。拥有不同市场地位的企业需要采取不同的竞争战略。每家企业都要依据自身的资源、所处的环境，以及在行业中的地位来确定自身的竞争战略。

一、行业领导者的竞争战略

行业领导者是指在相关产品市场占有率最大的企业。一般而言，大多数行业有一家企业是领导者，它在价格变动、新产品开发、分销渠道建设等方面居于主导地位。行业领导者的地位是在竞争中自然形成的，但不是固定不变的。行业领导者如果没有获得法定的垄断地位，必然会面临竞争对手的攻击。行业领导者为了击退其他公司的挑战，保持领先的市场地位，须采取恰当的竞争战略。

（一）扩大市场总需求

市场领导者在市场上占有巨大的份额，当一种产品的市场需求总量扩大时，受益最大的是处于市场领导地位的企业。因此，市场领导者会努力从以下三个方面扩大市场需求量。

1.吸引新的使用者

每类产品都有吸引新的使用者的潜力，因为有些顾客或者不知道这种产品，或者觉得产品价格不当，或者觉得产品无法提供某种性能而拒绝购买这类产品。企业可以从三种群体中寻找新的使用者，比如当香水还只是一部分女性使用时，香水企业可以说服那些不使用香水的女性也使用香水（市场渗透策略），或说服男性开始使用香水（新市场策略）。

2.发现产品的新用途

企业要不断探索，努力发现产品的新用途，从而开拓新市场。例如，杜邦公司就是通过不断开发尼龙的新用途而实现市场扩张的。尼龙首先用于制作降落伞的合成纤维，然后作为制作女袜的主要原料，后来又作为制作服装的原料，再后来又成为制作汽车轮胎、沙发椅套、地毯的原料。这一切都得益于杜邦公司为发现产品新用途而不断进行的研究与开发。

另外，顾客也是发现产品新用途的重要来源，比如凡士林刚问世时是作为机器润滑油使用的，但在使用过程中，顾客发现凡士林还有许多新用途，如做润肤脂、药膏和发蜡等。

3.鼓励顾客增加产品的使用量

鼓励顾客增加产品的使用量，重点是了解客户的需求和意见，确定他们需要的产品功能和价值。例如，宝洁公司劝告用户，在使用海飞丝洗发露洗发时，每次将使用量增加一倍，效果更佳。法国米其林轮胎公司一直都在设法鼓励汽车拥有者每年驾驶更多的里程，以增加用户轮胎更换次数，该公司还以三星系统来评价法国境内的旅馆，并且出版一本旅游指南用书，书中报道的大多数旅馆皆在法国南部，从而促使许多巴黎人到法国南部去度周末。

（二）保护市场份额

在努力扩大市场规模的同时，处于领导地位的企业还必须时刻注意保护自己的现有业务，以防受到竞争者的侵犯，这就需要采取保护现有市场份额的策略。常用的保护市场份额的策略有以下六种。

1.阵地防御

市场领先者在其现有的市场周围建造一些牢固的防御"工事"，以各种有效战略、战术防止竞争对手侵入自己的市场阵地。阵地防御是一种静态的、被动的防御，是最基本的防御形式。

2.侧翼防御

市场领先者建立一些作为防御的辅助性阵地，用以保卫自己较弱的"侧翼"。对挑战者的"侧翼"进攻要进行准确判断，改变营销战略战术，防止竞争对手乘虚而入。

3.先发制人防御

在竞争对手尚未采取行动之前主动出击，挫败竞争对手，在竞争中掌握主动权。具体做法是，当某一竞争者的市场占有率可能威胁到本企业时，就主动出击，必要时还需采取连续不断的正面攻击。

4.反攻防御

面对竞争对手发动的降价或促销攻势，企业可以主动反攻入侵者的主要市场阵地。可采用"正面回击"战略，也可以向进攻者实行"侧翼包抄"或发动"钳形攻势"，以切断进攻者的后路。

5.运动防御

市场领先者不仅要固守现有的产品和业务，还要把自己的势力范围扩展到新的领域中去，而这些新扩展的领域可能成为未来防御和进攻的重心。

6.收缩防御

市场领先者逐步放弃某些对企业不重要的、疲软的市场，把力量集中用于主要的、能获取较高收益的市场。

（三）扩大市场份额

行业领导者在有效保护自己市场份额的基础上，还要努力提高市场份额。因为通常随着企业在市场上获得的市场份额不断增大，它的利润也将相应增加。不过，切不可认为市场份额提高会自动增加利润，企业在扩大市场份额时还应考虑以下三个因素。

1.经济成本

当企业的市场份额超过了某一限度仍继续增加时，经营成本的增加速度就会大于利润的增加速度，那么企业的利润反而会随市场份额的上升而下降，得不偿失。

　2.营销组合策略

　有些营销手段对提高市场占有率很有效，但未必能提高利润，适当的营销组合策略则能实现优势互补。

　3.引起反垄断诉讼的可能性

　为了保护自由的市场竞争秩序，防止市场垄断现象出现，许多国家制定了反垄断法。当某家企业的市场份额超过一定限度时，就有可能受到反垄断制裁。

二、一般企业的竞争战略

　一般企业是指在一个行业中竞争力位于行业领导者之后、居于中游的企业，其市场份额比行业领导者小，也称二流企业。根据市场竞争实力的强弱，可进一步地将其分为两类：一类具有一定的竞争力，欲通过实施进攻性的战略夺取市场份额以建立更稳固的市场地位，我们可称这类企业为市场挑战者；另一类则因实力有限，满足于现状，只要通过经营保持现有的市场地位即可。下面根据一般企业所处的行业特性探讨企业应该采取的竞争战略。

（一）具有规模经济的行业的竞争战略

　如果一个行业实现了规模经济，就能为占有大市场份额的企业带来竞争优势。处于此行业中的企业有两种战略选择：模仿进攻性行动，获得销售额和市场份额（可以建立达到大型竞争企业所享有的规模经济所必需的产量）；从业务中撤退。大多数企业会选择前者，常用的战略措施如下。

　1.低成本战略

　采取联合行动，在降低成本的同时降低价格，整合价值链；更好地管理成本驱动因素，提高经营运作效率；同竞争对手合并或并购等。

　2.差别化战略

　在某些行业中，如果规模经济是成功的关键因素，则市场份额小的企业在提高竞争地位时会遇到以下障碍：一是在制造、分销或促销活动中获得利益的可能性比较小；二是很难获得顾客的认同；三是不能大规模地提供大众媒体广告；四是在资金方面有困难。

在遇到上述障碍时，企业可以通过以下措施获取竞争地位：一是将力量集中在能产生竞争优势的细分市场上；二是发展可能被顾客高度重视的专有技能；三是率先推出新的或更好的产品，建立产品领导者的形象；四是使企业比变化慢的行业领导者更灵活，更具创新性、适应性。

（二）不具有规模经济的行业的竞争战略

如果未能实现规模经济效应或者经验曲线效应，大的市场份额并不能产生任何成本优势，那么，二流企业就有更大的灵活性，可以考虑以下六个策略。

1.空缺市场点战略

这是聚焦战略的变形，即将企业的精力集中到市场领导者忽略的顾客或者最终应用上。一个最理想的空缺市场点应该拥有足够的规模和空间为企业赢得利润，有一定的成长潜力，能适应企业自身的资源和能力，不足以激起市场领导者的兴趣。

2.专业战略

专业厂商往往将其竞争行动集中在一个细分市场上，如某个产品、特殊需求的购买者等。其目的在于通过产品的独特性、产品因为所拥有的专业技能和专业化的顾客服务来建立竞争优势。

3.卓越产品战略

这一战略的基础是卓越的产品质量或者独特的产品属性，因为市场营销直接面向那些对质量敏感和以性能为导向的购买者。精湛的技艺、卓越的质量、频繁的产品革新，或者同顾客签订紧密的合同，以吸引他们使用公司开发的新产品，都是实施卓越产品战略的重要途径。

4.跟随者战略

跟随型企业往往不喜欢模仿行业领导者的战略行动，也不喜欢积极地从行业领导者手中争取顾客。跟随型企业更喜欢采用那些不至于激起报复行动的策略，比如采用聚焦战略和差别化战略以避开行业领导者的注意。跟随型企业往往只是作出被动的反应而不去主动挑战，更喜欢防御而不是进攻，同时在产品或服务的价格上也不会与行业领导者不一致。

5.特异形象战略

有些企业采用一些能够更加凸显自身企业形象的方式来制定自己的战略。可以运用的战略途径很多，比如树立更好的声誉；以更合理的价格为购买者提供卓越的质量；竭尽全力提供卓越的顾客服务；设计独特的产品属性；在新产品方面成为行业领导者；制作不同寻常的创造性广告等。

三、弱小企业的竞争战略

许多行业中存在着一些市场份额低、竞争实力弱小并处于衰落地位的企业，根据其所处环境的状况，这类企业有四种战略选择，即转变战略、防御战略、并购战略、收尾战略。其中，防御战略的实质是竭尽全力保持现有的销售额、市场份额、盈利水平及竞争地位。并购战略的实质则是放弃战略，把自己的企业卖给其他企业。在这四种战略中，转变战略与收尾战略相对复杂，选择时需要综合考虑各方面的因素，在此对其进行重点分析。

（一）转变战略

如果一项值得挽救的业务陷入了危机，那么就必须采用转变战略。其目标是尽快遏制和逆转企业的竞争劣势和财务劣势。管理部门的第一项任务就是寻找业绩差的根源。企业经营不良的主要原因有：债务过重；对市场发展形势过于乐观，忽略了通过降价提高市场份额时对利润的影响；不能充分利用生产能力而导致固定费用过高；投入大量资金用于研究与开发，以提高竞争地位和盈利能力却无成果；对公司进入新市场的形势过于乐观等。转变战略可以采取以下方式实现。

1.增加或保持现金流

现金流很关键，而产生现金流最可行的办法有：变卖企业的一部分资产；去掉产品线中薄利的产品；关闭或者变卖老式的生产工厂；减少劳动力；减少顾客服务等。在有些情况下，陷入危机的企业变卖资产与其说是解除衰退业务的负担，还不如说是遏制现金的流失以拯救余下的业务活动，也就是"丢卒保车"，断一臂而保全身。

2.战略变动

如果由于战略失误导致企业衰退，则需重新分析、制定战略。根据行业环境、企业资源的态势、竞争能力以及企业危机的严重程度，具体可采取以下策略：一是转向一个新的竞争途径，重新建立企业的市场位置；二是彻底检查企业内部活动、资源能力、职能战略，以便更好地支持原来的业务战略；三是与同行业企业合并，制定新战略；四是实施收缩战略，关闭工厂，减少人员，使企业业务更好地与企业资源、企业竞争优势相匹配。

3.提高收入

不断提高产品销量的目的是提高收入。提高收入的方式有很多，如加大促销力度、扩大销售队伍、增强顾客服务、快速对产品进行改善等。如果企业的产品具备差别化优势，购买者对价格并不是特别敏感，那么，提高短期收入的最快途径就是提高产品价格，而不是降低产品价格。

4.削减成本

削减成本的转变战略在下列情况下最奏效：不景气企业的价值链和成本结构有着足够的灵活性，允许进行大的调整；企业可调整经营运作中的行为；企业的成本中有着明显的"肿块"，同时有很多地方可以快速实现成本节约；企业相对来说比较容易找到市场平衡点等。除了采用一般的紧缩政策之外，还可采取加强对削减费用的管理，清除非关键或低附加值的活动，实现现有设备的现代化以提高生产率，推迟非关键性资本花销，以及进行债务重组、减少利息成本、延长偿付期等措施。

（二）收尾战略

收尾战略是一个渐渐退出所在行业的战略，是处于维持现有状况和尽快退出该行业之间的一种状态。它以牺牲市场地位获取更大的近期现金流或利润，其根本财务目标是收回尽可能多的现金以便用于开拓其他业务。

1.收尾战略的实施

一方面，将经营运作预算削减到最低程度，对原来业务中的再投资也降到最低限度，不再拨款购买新的设备，将相关资本开支的优先度降到很低。另一方面，企业应采取一定的措施尽可能延长现有设备的寿命，尽可能长时间地处理现有的设备，可以慢慢地提高价格，渐渐地降低促销费用，可以不十分明显的方式降低产品的质量，减少非关键性的顾客服务等。虽然这些行动可能会导致销售额和市场份额下降，但是如果能够尽快地削减现金费用，就可以提高税后利润和现金流，原来的业务慢慢地萎缩，但这必须是在获得了相当的现金流之后。

2.收尾战略适用的条件

收尾战略在下列条件下适用：行业前景没有吸引力；盘活原来业务的成本和代价很大，或者获得的利润微薄；维持或保护企业的市场份额所付出的代价在上升；竞争上的松懈不会导致销售额直线下降。另外，在多元化企业中，原来的业务不是其整体业务组合线的关键或核心部分，并没有给企业的业务组合作出独特的贡献，也适用于收尾战略。

第四节　竞争战略与合作战略

一、竞争战略与合作战略的关系

企业之间的关系从性质上可分为对立性和合作性。前者表现为企业组织与相关利益者为了各自目标而相互排斥，包括竞争、冲突、对抗等。后者表现为企业组织与相关利益者为了共同的目标和利益，采取行动相互支持、相互配合，即合作。合作是协调关系的最高形态。

传统的竞争观念认为，对手都是敌人，企业与竞争者之间的防范、敌视、攻击、诋毁等行为，往往会造成两者进一步的对立和损耗，而这种状况可能不利于整个产业的进步和经济的发展。过度的价格战就是典型的例子。如果换个角度思考，在一定的环境和条件下，实行互惠互利竞争策略的企业，可能会有完全不同的结果。企业和竞争者可以通过协调、合作等策略，化解彼此的矛盾，进而共同努力，联手培育市场，最终实现利益共享的目标。

竞争与合作是一种辩证关系。竞争并不排斥合作，从某种程度上讲，合作有利于提高竞争效率，而合作也并不是否认竞争的存在，而是使竞争以新的形式在新的层次上出现，即从原有的价格竞争向非价格竞争转变，从恶性竞争向塑造比较优势竞争转变。传统的企业竞争方式是采取一切可能的手段打压对方，以竞争对手的失败和消失为目的，而现代竞争方式和竞争规则已经转向更深层次的合作竞争，即为竞争而合作，靠合作来竞争。

当布兰登勃格（A. M. Brandenburger）和内勒巴夫（B. J. Nalebuff）首次提出"竞合"概念时，就立即引起企业界和理论界的广泛关注。"竞合"是一个合作与竞争的混合词，目的是促使管理者从合作与竞争两个角度去思考企业竞争。该理论倡导企业一改以往"你死我活"的片面竞争思路，重新审视与竞争对手的关系，并采取双赢策略。该理论不仅可以实现企业优势要素的互补，增强竞争双方的实力，还可以作为某种竞争战略加以实施，帮助企业巩固市场竞争地位。

二、"竞合"战略的基本形式——战略联盟

"竞合"战略的基本形式就是战略联盟。从广义上说，战略联盟就是两个或两个以上的经营实体之间，为了达到某种战略目的而建立的一种互相协作、互为补充的合作关系。战略联盟主要是通过整合外部关系、利用外部资源来提高双方，甚至多方的经营价值，是企业具体实施"竞合"战略最基本、最普遍的形式。

（一）战略联盟的特点

企业间的战略联盟具有如下主要特点。

1.边界模糊

战略联盟这一组织形式并不像传统的企业那样具有明确的层次和边界，企业之间以一定契约或资产联结起来对资源进行优化配置。战略联盟一般是由具有共同利益关系的两个或两个以上的实体组成的战略共同体，形成你中有我、我中有你的局面。

2.关系松散

战略联盟不像传统企业组织那样，主要通过行政方式进行协调管理，也不是纯粹由市场机制进行协调，而是兼具市场机制与行政管理的特点，合作各方主要通过协商的方式解决各种问题。战略联盟往往具有期限性，在联盟形成之时，一般有规定存续时间的协议。

3.机动灵活

战略联盟组建过程较为简单，往往不需要大量投资，如果外部出现发展机会，战略联盟就可以迅速组成并发挥作用。另外，由于战略联盟存续时间较短，合作者关系松散，

当外界条件发生变化，而战略联盟又不适应变化了的环境时，可以迅速解散。

4.运作高效

战略联盟在组建时，合作各方一般是以自己的优良资源加入进来，在分工日益深化的情况下，战略联盟的实力是单个企业难以比拟的，这样可以保证联盟的高效运作。

5.既竞争又合作

战略联盟一般是自发的、非强制性的，联盟各方仍然保持着原有企业经营的独立性。要求共担责任、相互协调，精心设计各类活动的衔接时间，因而模糊了公司的界限，使各公司为一个共同的目标而采取一致的行动。联盟公司虽然在部分领域进行合作，但在协议之外，以及在公司活动的整体态势上仍然保持着经营管理的独立性，相互之间仍然是竞争对手。合作是暂时的、有条件的，而竞争是永久的、无条件的。

（二）组建战略联盟的动机

具体来看，企业组建战略联盟的动机包括以下几种。

1.扩大市场份额

企业之间可以通过建立战略联盟来扩大市场份额，双方利用彼此的网络进入新的市场和新的行业，促进产品的销售。在经济全球化的大背景下，很多企业竭力追求在全球范围内发展，但企业无论是出口产品或服务，还是直接在国外生产销售，都将面临不同的经营环境，并且还会受到各国法规政策的限制。采用战略联盟形式，寻求与东道国企业的合作则可以解决这一问题。

2.获取互补资源和新技术

每个企业所具备的资源和能力，尤其是核心能力是各不相同的。并且现代科学技术的更新速度加快，技术创新又需要有很强的开发能力和充足的信息，这使单一的企业难以及时更新技术，并可能遭到淘汰。寻找合适的伙伴建立战略联盟，则可以彼之长补己之短，既能实现资源互补，又可以实现规模经济，加快研发速度，营造联合优势。

例如，美国电报电话公司（AT&T）与日本电气公司（NEC）达成相互交换相关技术的协议，AT&T 向 NEC 提供计算机设计技术，NEC 向 AT&T 提供计算机芯片技术，从而使双方的优势技术得到互补，提高了各自的竞争力。并且由于联盟是以合同或协议为连接的，因此具有机动灵活的优势，企业可以按照自己的战略需要随时获取和去除相应的资源。

3.降低经营风险

现代市场竞争环境瞬息万变,企业在经营中面临着很大的风险。尤其是一些科技企业,其研发投入很大,而成功率却很低,并且从开发成功到商业应用还存在着一定的风险。建立战略联盟,可以与合作伙伴共同分担风险,实现产品组合多元化;或更快地进入市场、获取收益,或减少投资成本,从而降低风险。联盟的风险分担功能对研究密集的高科技行业特别重要。在这些行业中,开发新一代技术的成本越来越高,而产品的周期却越来越短,分摊成本的时间越来越少。

4.开辟新市场和进入新行业

企业要实行多元化战略,从事不同领域的活动,常常会缺乏某种资源和能力。建立战略联盟,可以使企业借外部资源和能力,迅速开辟新市场或进入新行业。

5.克服贸易壁垒

虽然世界贸易正逐渐向自由化发展,但是当一家企业进入另一个国家或地区的市场时,总会遇到该国家或地区制造的贸易壁垒,如配额、税收、投资限制等。尤其是在坚持贸易保护主义的国家或地区,能否克服贸易壁垒成为影响企业经营成败的关键因素。与当地企业组建战略联盟,采用合资、特许经营等方式,可以在一定程度上有效地越过这些壁垒。

(三)战略联盟的形式

战略联盟的组织形式有很多种,企业可以根据不同目的,从各种不同的战略联盟形式中进行选择。目前,比较流行的联盟形式包括合资型联盟、股权投资型联盟和职能型联盟。而职能型联盟是当前企业运用较多、作用比较显著,应充分引起我国企业注意的一种战略联盟形式。

1.合资型联盟

合资型联盟的主要表现形式是合资企业。合资企业是由两家或两家以上的独立法律实体共同出资、共担风险、共享收益而形成的企业。通过合资的方式,合作各方可以将各自的优势资源投入合资企业中,从而发挥出单独一家企业难以企及的作用。这种方式目前十分普遍,尤其是在发展中国家。但需要注意的是,合资双方虽然在某些领域是合作伙伴,但在其他方面可能是竞争对手。合资双方的合作范围可以限制在一个领域。

例如,松下公司和西屋电气公司合资的 SGC 公司的目标仅限于联合生产和供应两个合伙企业所需要的电路断路器的精密零配件，组装、测试和销售最终产品方面则由两个企业各司其职，也可以涉及从研究开发到生产的更加广泛的领域。再如，由美国、意大利各持股 40%，其余 20% 为公众股的合资企业海蒙特，就涉及美、意双方不同职能活动方面的合作。美、意双方将其聚丙烯业务全部给予该合资企业，在聚丙烯的生产、营销、分销和服务等方面展开合作，其目标是开拓全球市场。

2.股权投资型联盟

股权投资型联盟主要表现为相互持股形式。相互持股是指合作各方为加强相互联系而持有对方一定数量的股份，这种战略联盟中各方的联系相对紧密，可以进行更长久、密切的合作。与合资不同的是双方资产、人员不必进行合并。以三菱系列企业的相互持股情况为例，三菱银行、三菱商事和三菱重工业都持有对方的股票，都是对方的十大股东之一。另外，三菱信托银行与三菱银行、三菱商事、三菱重工业之间，也都持有对方的股票，也都是对方的十大股东之一。相互持股的企业在共同利益的基础上形成了一种密切的、稳定的关系，并在此基础上形成了企业集团。

3.职能型联盟

职能型联盟是由两个或两个以上的公司以签订协议的形式在某项具体职能领域进行的合作，如技术研发、生产制造、产品销售等方面。这种形式的联盟没有新的组织产生，往往只涉及一项或几项职能活动。典型的职能型战略联盟包括以下几种形式。

（1）研究开发伙伴关系

研究开发合作是指两个或两个以上的合伙企业在研究开发新产品或新技术方面的合作。这种合作仅限于研究开发活动，制造和销售最终产品则由合伙企业各自负责（或有其他的合作协议）。根据合伙企业的喜好和项目的性质，合伙企业可以并肩工作，完成同一任务，也可以不这样做。

在那些研究开发费用高、产品生命周期短的行业，联合研究开发是一个很好的选择。在这些行业中，不断推出新产品是十分重要的竞争优势。分担研究开发的成本和风险是建立这类战略联盟的主要推动力。

（2）交互分销协议

交互分销协议是一种较为传统的战略联盟。借助这一形式，一个企业可以通过在自己现有区域或一个具体区域销售另一家企业的产品来增加其销售的品种。交互分销协议在办公自动化行业中比较普遍。一个专门研究办公自动化技术的企业，可以通过交互分销协议经营另一家公司的通信设备或个人电脑。采用这种方式的企业在产品上要能互补或匹配，从而能作为一个配套系列推向市场。这种合作类型是由顾客需求变化所导致的。

例如，施乐公司提供的许多产品（大约 35 种不同的设备）来自其他的制造商。它的产品线从简单的绘图仪到打印机、复印机、传真机、打字机、文字处理器、电脑工作站、微机、软件和区域电脑网络。同样，施乐公司也发挥其在某些产品制造方面的长处，与其他公司签订交互分销协议，把自己的产品交给别的企业去销售。

（3）特许经营协议

特许经营协议规定了联盟企业可以在特别许可的领域内经营和在战略上进行相互配合的程度。特许经营可以为特殊的技术建立起全球标准，扩大特定产品的使用范围和可接受程度。例如，飞利浦公司转让激光唱机的特许经营权后，迅速提升了产品销售量，还让全世界都接受了公司的 CD 制式。

（4）联合生产/制造协议

联合生产/制造协议可以使联盟方获得规模经济效益，并且在市场需求降低时迅速减少生产成本。这种类型的战略联盟在汽车或重型工业设备领域比较普遍，因为它可以给这些企业带来规模经济效应，有利于它们降低成本。例如，在克拉克集团和沃尔沃集团合作生产全球市场需要的建筑设备背后，提高生产效率就是一个关键的推动因素。如果一方具有知名品牌，且生产能力有限，则合作方可利用其剩余生产能力为有知名品牌的一方生产产品，并冠以知名品牌销售。这样可以迅速获得生产能力，增加产品销量，扩大品牌影响力，共同获得利益。

（5）联合投标合作

某些行业的建设项目往往需要大量的投资，这就会涉及多方的合作，比如在航空航天领域，通常需要建立一个联合体去开发和制造新一代的飞机、卫星系统等。这些项目规模宏大，需要若干家企业联合完成。而且政府部门也希望成立这样的联盟，以确保项目的成功。因此，在投标获取项目的建设权时，有实力的若干家企业就会通过协商，组成这样的联盟。例如，美国的福特航空事业部为在全球卫星通信系统中谋得一席之地，组建了由 6 家企业组成的联合体，从而参与到为 110 多个成员服务的国际卫星通信系统的设计和制造 18 颗先进的民用通信卫星的竞争之中。

（四）组建战略联盟的注意事项

战略联盟是一种新的组织模式，与企业并购相比具有反应迅速、机动灵活的优点，但也有一些不足，在具体操作中，应该注意以下问题。

1.慎重选择合作伙伴

由于战略联盟中合作各方关系较为松散，其内部具有市场和行政的双重机制，而不像并购一样主要靠行政方式来管理，因此合作各方能否真诚合作，对于战略联盟的成败有决定性影响，在组建联盟时必须选择真正有合作诚意的伙伴。另外，合作各方核心技术是否能够互补也有很重要的影响，因为战略联盟的核心思想就是通过联盟这一方式形成核心优势互补效应。因此，合作之前必须进行全面的分析、研究，权衡利弊。

2.建立合理的组织关系，设计良好的管理机制

战略联盟是一种网络式的组织结构，不同于传统企业层级式的模式，因此其管理模式与传统组织中的管理有不同要求。在战略联盟形成之初，应针对合作的具体情况，确定合理的组织关系，对合作各方的责、权、利进行明确的界定，防止由于组织不合理而影响其正常的运作。联盟应特别重视协作效应，并强调给合作各方都能带来效益。

3.加强联盟企业间的沟通，实现多层次的整合

战略联盟各方由于相对独立，彼此之间组织结构、企业文化、管理风格有很大不同，尤其是跨国界的战略联盟，在这一方面表现得更加突出。这给双方的沟通、合作造成了一定的影响。许多战略联盟的失败都是由于各方缺乏沟通，因此各方应有意识地加强沟通。应通过多层次的联系保证交流、沟通、协调和控制，实现以下五个方面的整合。

一是实现高层领导者之间持续接触，共同探讨企业更广的目标或变革，实现联盟的战略整合；二是组织中层经理人员或专家一起制定特殊工程或联盟行动的计划，以识别那些将使公司间联系更为密切或可转让知识的组织与系统方面的变革，实现联盟的战术整合；三是联盟应为工作人员及时提供信息、资源和人力等完成任务时所必需的要素，各方应尽量参加培训计划，促使联盟在用语和技术标准上达成一致，实现操作整合；四是如果合作者之间不能建立融洽的人际关系，就不能保证联盟的正常运转，所以实现联盟的人际关系整合至关重要；五是不同的企业在文化层面上往往有各自的特点，企业文化决定着企业的共同价值观、行为规范及形象活动等，只有实现联盟的文化整合，才能保证战略的顺利实施。

（五）战略联盟的重建

战略联盟，特别是跨国战略联盟的不稳定性远远超出想象。随着国际商业环境的变化速度不断加快，一个旨在满足当前需求的联盟是不可能适应中长期需要的。那么，在联盟受挫时该怎么办？必须抱着积极的态度从一些最基本的问题入手，对市场情况和联盟的目标进行战略反思。如果联盟没有任何价值了，也就没必要进行重建；如果仍然有价值，就应该努力重建联盟。

重建联盟的一般步骤是：对联盟的目标、合作者及导致联盟失效的原因进行分析和评价；设计重建联盟的业务框架及调整内容；界定新联盟的目标及它与母公司之间的新关系。实践证明，重建联盟的决心和努力可以帮助公司度过大多数联盟需要经历的长时间的停滞和衰退时期。

综上所述，企业竞争力是一个综合复杂的系统，但又是可以描述的、测评的、诊断的。本书研究企业竞争力，介绍企业战略管理及相关内容，就是希望找到制约企业竞争力的因素，为企业选择适合自身的战略提供参考，以实实在在地帮助企业成长，乃至促进整个行业、产业竞争力的提升。

参 考 文 献

[1] 白睿作.降本增效 3 板斧 7 要务 重新打造企业竞争力[M].北京：中国铁道出版社，
2022.

[2] 操春兵.重视企业战略管理 提高建筑企业竞争能力[J].职工法律天地，2018（10）：
253-254.

[3] 操阳.转型期连锁商业企业竞争力提升路径研究 SCP 视角[M].大连：东北财经大
学出版社，2015.

[4] 陈静.战略性人力资源管理与企业竞争力提升分析[J].科技经济市场，
2021（4）：83-84+86.

[5] 陈文超.战略绩效管理对企业竞争力提升作用研究[J].人民论坛，2021（16）：88-
90.

[6] 陈盈颖.国企战略人力资源管理的分析：从提高企业竞争力角度分析[J].现代经济
信息，2017（11）：106.

[7] 高嘉莉.制定数据战略 提升企业竞争力[J].中国管理信息化，2020，23（11）：128-
130.

[8] 广联达新建造研究院.建筑企业数字化转型规划实施导引[M].北京：中国建筑工业
出版社，2020.

[9] 姜军.企业专利战略模式的竞争优势及核心竞争力研究[M].武汉：华中科技大学出
版社，2016.

[10] 李海鹏.中国企业品牌竞争力测评研究[M].北京：经济管理出版社，2021.

[11] 李一萍.论品牌战略在企业竞争力中的重要性[J].品牌研究，2021（24）：160-
162+167.

[12] 刘新.现代企业战略管理与创新研究[M].长春：吉林大学出版社，2015.

[13] 罗秋雪.面向东盟的广西中小企业竞争力提升战略[J].中小企业管理与科技（中旬
刊），2017（12）：31-32.

[14] 马琴，孟勇.企业文化、环境战略与企业竞争力[J].财会通讯，2021（12）：93-

95+110.

[15] 彭毫，罗珉作.数字化平台战略 理论与实务[M].北京：经济管理出版社，2021.

[16] 秦远建，万君康.企业战略管理[M].武汉：武汉理工大学出版社，2017.

[17] 邱晓文.现代房地产企业核心竞争力研究[M].西安：西安电子科技大学出版社，2014.

[18] 宋霖霖，朱翊赫.作为企业竞争力管理工具的营销战略分析[J].人生与伴侣，2020（6）：16.

[19] 宋松林.加强质量管理 提高企业竞争力[J].广西质量监督导报，2009（Z1）：61-63.

[20] 谭亮.基于企业核心竞争力理论视角的企业战略管理研究[M].成都：四川大学出版社，2018.

[21] 汪玉弟.人力资源战略管理[M].上海：立信会计出版社，2007.

[22] 徐巧玲.战略人力资源对企业竞争力的影响[J].新商务周刊，2018（24）：156+158.

[23] 叶燕红.从企业战略角度谈企业竞争力[J].会计师，2018（3）：36-37.

[24] 于典龙.人力资源管理战略如何提升国有企业竞争力[J].现代经济信息，2021（9）：27-28.

[25] 张根明，张元恺.关系学习、前瞻型环境战略与企业竞争力：有调节的中介模型[J].财经论丛，2019（1）：91-99.

[26] 张岩，王小志.民营企业竞争力提升的战略选择[J].合作经济与科技，2012（14）：7-8.

[27] 张焱，栗鹏举.战略成本管理对提升中小企业竞争力的重要性[J].中国集体经济，2020（17）：53-56.

[28] 赵志法.战略性人力资源管理与企业竞争力提升分析[J].环球市场，2022（3）：152-154.

[29] 曾艳.浅谈战略成本管理对提高企业竞争力的促进效应[J].现代商业，2022（29）：84-86.